やらない時間術

時間が爆発的に増えて
人生が楽になる第3の時間術

安田 修

かや書房

はじめに　かつて奴隷だった僕へ……

「まるで奴隷のようだ……」

これは十数年前、まだ若手サラリーマンだった頃の僕の心の声だ。

僕は北海道の片田舎に生まれ、北海道大学を出て、日本生命という国内有数の一流企業に就職した。一目惚れの妻と結婚して子供が2人、会社では資産運用という希望していた仕事も任されるようになった。

前途洋々、順風満帆の人生に見えるだろう？　でも心の中は、冒頭の言葉がいつも繰り返されていた。なんてくだらない人生なんだ。当時の僕は、少しも幸せだなんて感じたことがなかった。

朝は1時間かけて通勤、8時前には会社について仕事を始め、昼ごはんも食べずに夜の11時までぶっ通しで仕事。家族で夕食をとるどころか、生まれたばかりの子供の顔を見る時間もない。

仕事が逼迫（ひっぱく）すれば土日も出社。たまの休日は専門性を高めるための勉強、資格試験の勉強で追いまくられて、あっという間に月曜の朝を迎える。

家に帰ったらストレス解消のためにポテトチップスとマカダミアナッツチョコレートを食べながら、ウィスキーで晩酌。身体に悪いとわかっていても、それだけが自分が「生きている」と感じられる時間だった。

当然ながら、いつも睡眠不足で、疲れていて、空腹だった。なかば混乱した状態で、ただただ長時間働く。いつもイライラしていて、当然ながらミスをする。そんな仕事の仕方が評価されるはずもなく、あらゆることが悪循環に陥(おちい)っていた。

楽しいはずの家族との時間も、苦痛でしかない。「家族サービス」というのは嫌な言葉だが、その意味が身に沁(し)みてわかった。かわいい子供にも、声を荒げる場面もあった。「家庭崩壊」という言葉が脳裏をよぎる。

今思えば当時の僕は、精神的に崩壊する一歩手前だったのではないかと思う。でも、わかって欲しい。当時の僕は、必死に頑張っていた。自分のために、家族のためにも、それが「正しいこと」だと心から信じていたんだ。

当時の僕は、あまりにも無知だった。あの頃にもっと時間をうまく使えたら……僕の人生は変わっていたのかもしれない。今となっては、全てが手遅れなのだけれど……。

著者の安田です。いきなり「手遅れ」なんて書いて驚かせてしまったかもしれません。あれから勤めていた会社は退職しましたが、僕は今でも元気でやっています。家庭も崩壊していません。

むしろ、自分で起業をしてビジネスを立ち上げ、それを育てることで有り余るほどの時間を確保しています。収入も、会社員だった頃を大きく超えました。若い頃にしっかりと会社に鍛えてもらったことで時間管理の能力が上がり、今が楽で仕方ありません。

フラスコというプラットフォームやフラスコビジネスアカデミーというオンラインサロンを運営。起業コンサルタントとして30人の方のビジネスを個別でコンサルティング・数十人の講座を運営しながら、月5回のセミナーやイベントを主催しつつ、年に1～2冊の本を書いています。

情報発信もブログ、YouTube、メルマガ、X、Voicyなどなど毎日、驚かれるくらいの頻度とコンテンツ量でやっていますが、それでもまだまだヒマです。年にいくつも新しい講座を生み出したりもしています。

「安田さんは、どうしてそんなに時間があるのですか？」

と聞かれることがとても多いので、それをテーマに本を書くことにしました。どうせ書くなら、巷の時間術とは異なる、突き抜けた本にしたいと構想を練ること2年半、ようやく形になりました。

もしあなたが、当時の僕と同じように、

●いつも仕事に追いまくられていて時間がない
●家族や趣味など、意味のあることにもっと時間を使いたい
●一度しかない人生、自分の時間を生きたい

と感じているなら、きっと本書がお役に立てます。

優秀と言われている中堅・ベテランの会社員が身につけている時間術、成功している起業家や経営者が使いこなす時間術を、僕の体験に基づいて厳選して、一番面白くて役に立つところだけお伝えします。

ポイントは、「やらない」こと。その意味は、本書を読み進めればわかります。あなたは何回も、目から鱗(うろこ)が落ちる経験をするはずです。それでは、やらない時間術の旅を、どうかお楽しみ下さい！

（注意）本書は、はじめにの一部とおわりにを除けば基本的に「だ・である」調で書かれています。生意気だと感じるかもしれませんが、ご容赦下さい。丁寧な「です・ます」で書かれた文章って実は読みにくいし、読む人にとって時間のムダだと思うので……。

『やらない時間術』目次

第2章●「詰め込む」時間術

第3章●「集中する」時間術

第4章●「やらない」時間術

第5章●時間の使い方は、生き方そのもの 143

第1章

なぜ
あなたは
いつも
忙しいのか

1 忙しさには構造がある

今、この本を読んでいるあなたが、どんな状況かはわからない。それぞれ個別の事情があるだろう。新入社員で上司には逆らえないとか。生まれたばかりの小さな子供がいるかもしれないし。それもわかるのだけれど、まずは僕の話を聞いてほしい。それでもなお、忙しさには構造があるんだ。

①睡眠や生活に必要な時間

人間、生きているだけで時間がかかる。僕は最低でも7時間は寝ないとまともに頭が働かないし、あなただって似たようなものだろう。ごく稀にいるとされている、いわゆるショートスリーパーでもなければ、1日の3分の1くらいはもう、寝て起きるだけで過ぎ去ってしまう。

寝グセを直して、顔を洗う。その日の服を選んで、出かける準備をする。メイクが必要となると、大変だ。毎日2～3回は食事もするし、会社勤めだったら往復の通勤があることが多いだろう。さあ、1日はあと何時間残っているだろうか。

②本来の仕事・役割

フルタイムで働いていたら平日は8時間、会社にいて仕事をするか、少なくとも仕事をするフリをしていないといけない。そういう条件で給料をもらう契約をしているのだから、これは義務だ。人によっては、10時間とか12時間が仕事に持っていかれることもあるだろう。

フリーランスや経営者であっても、やることはやらないといけない。仕事をしないとお金がなくなってしまうから。自分でお客さんを見つけて契約してとなると、作業時間で言ったら、むしろこっちのほうが長いかもしれない。主婦であっても、家事をしたり育児をしたり、子供の送り迎えとか。やらないといけない（と感じる）ことは、実に多い。

③自分から望んで追加の仕事や予定を入れる

人はパンのみにて生くるにあらず。ぎりぎり生きていけるだけ働いて、あとは家でゴロゴロしているのであれば、そんなに忙しくはならないだろう。そういう生き方を選んでいる人もいるだろうが、この本を手に取っている人はきっと、そうではない。**より充実した**

人生を求めるから、忙しくなる。時間の使い方は、生き方そのものだとも言える。

自分の成長のために追加の仕事に手を挙げたり、人の作業を手伝ってあげたりする。断っても構わない仕事やプロジェクトでも、まだ余裕があると判断したらあえて受けることもあるだろう。

友人と飲み会の予定を入れたり、趣味や習い事をすることもある。旅行にだって行きたい。そういう「前向き」な予定で、あなたのスケジュールはどんどん埋まっていく。

④望まない追加の仕事や予定が入ってしまう

それとは別に、本来のあなたの仕事ではなくても（という線引きはとても難しいが）上司から追加で仕事の依頼をされたり、同僚からのお願いを断りきれなかったりすることもある。行きたくもない飲み会に誘われて、仕方なく参加するはめになることもあるだろう。ＰＴＡやマンション管理組合の役員なんかも、そんな感じだ。

これらも、本当に余裕がないタイミングであれば断るのだが、つい「できなくもない」という受け身の判断をしてしまう。あなたも、思い当たるフシがあるだろう。

⑤作業の時間を読み間違える

ここまでで、きっとあなたの予定はパンパンになっている。前向き、受け身の差はあるが、あなたが選んで入れたスケジュールだから別に問題はない。ヒマではないにせよ、充実した1日が送れるのなら、それで良いとも言える。

ただ、ここからが問題だ。1時間で終わると思って入れた作業は、だいたい1時間では終わらない。上司や同僚の「簡単な作業だから、そんなに時間はかからない」という言葉を真に受けてやってみたら、初めてのことなので何かと調べないとできなかったりする。

いざ始めてみたら、情報がそろっていなくて問い合わせが必要だったり、シンプルに気分が乗らなかったり。集中してやれば1時間で終わるのかもしれないが、LINEやメッセンジャーがそれを許してくれない。ときには電話も来る。スマホを手に持ったら何かと気になるし、気分転換にYouTubeともなれば、もう終わり。1時間くらいはあっという間に過ぎ去ってしまう。何もかもが、計画通りには進まない。

⑥トラブルが発生する

さあ、大変だ。そんなときに限って、トラブルが発生する。取引先からクレームが入ったり、前にやった作業にミスがあることが発覚する。子供が熱を出す。あなた自身が体調を崩す。どこからともなく台風がやってきて、人身事故で電車が止まる。パソコンが壊れる。

なんて運がないんだ！　そんなとき、あなたはそう思うかもしれない。確かにそういう面もあるかもしれないが、どちらかというと、これは「構造」の問題だ。⑤と⑥が起こるのは単に確率の問題、つまり必然なので、③とか④でスケジュールがパンパンになっていたら、いつか必ずこうなる。それがたまたま、今だったというだけのことだ。

これが僕の言う、忙しさの「構造」だ。**この①〜⑥をうまくコントロールすることで、時間は生み出せる。**そのために役立つのが、時間術だというわけだ。①〜⑥の全てに改善できる要素はあるが、「やらない時間術」の主戦場になるのは③と④だろう。本質的には、

②なのだけれど……。まあ、それはそれとして、構造を理解したら先に進もう。

2 忙しいのが好きなのでは？

ここで、重要な指摘をしないといけない。僕が見る限り、忙しいのが好きな人がとても多いということだ。いつも「忙しい」「時間がない」「時間があったら、あれをしたい」と言いながら、実はその状態に満足している人たちだ。

僕は、これを「奴隷の幸せ」と呼んでいる。

忙しい状態には、安心感がある。仕事やプライベートの予定が詰まっていると、必要とされている・充実しているという感覚が得られ、とりあえずはそれで一定以上は「正しく」生きていると思える。楽しいと感じられたりさえする。

その反対に、自由な状態には不安が伴う。サラリーマンだったら上司が仕事を振ってくれなくなったら「評価されていないのではないか」と感じて不安だろうし、起業家だったら仕事がないと文字通り生きていけない。これは、恐怖だ。

特に日本人は、農耕社会からスタートしているからか、

勤勉・頑張る＝良いこと
怠惰・手を抜く＝悪いこと

という価値観が幼い頃から刷り込まれているので、いつも忙しくしている人が「働き者」として評価されがちだ。時間に余裕があることを、後ろめたく感じることもあったりする。

僕はサラリーマン時代、上司から「安田は余裕があるな」と言われて褒められたと思っていたら実は批判だった、という経験がある。そういえば「こんなにみんなが忙しいのに、君だけ顔色が良いのはおかしい」と言われたこともあった。きちんと成果を出しているのだから、余裕があるのは良いことじゃないか。効率化をして成果を出すより、長時間労働で疲れて体調を崩した人のほうが評価されるというのは変な話だ。

今の僕は起業家なので、自分の仕事は納得いくまで、どこまでも効率化を進めている。やるべきではないと判断したことはすぐにやめる。かといって仕事をする時間を減らしたかといえば、そんなこともない。やればやるだけ成果が出るし、それが全て自分のものになるので、楽しくてついやりすぎてしまう。

ただ、「忙しい」という感覚が全くない。朝は目が覚めるまで、いつまでも寝ていても良い。ぎりぎりまで〆切に追われることはほとんどないし、家族と食事に行こうと思えばいつでも行ける。昼でもビールを飲める。誰かに労働時間を管理されることもない。仕事がし放題だから好きでやっているというだけのことだ。時間を完全にコントロールできていると感じている。つまり、「自分の時間」を生きている。

あなたも、そうなりたいだろうか。それとも残りの人生、「他人の時間」を忙しく過ごしていたいだろうか。別に、それだって構わない。僕の生き方が正しいとは限らないし、奴隷の幸せというのは確かに存在する。現代に奴隷制はないのだから、あなたは自分でどちらでも選ぶことができる。

忙しくありたい人にとって、本書の時間術は無意味とは言わないまでも、価値が下がってしまう。**どんなに時間を生み出しても、そこにまた新しい作業をどんどん追加してしまうから、いつまでも忙しい状態が変わらない。**それを望むのならば、それでも構わない。

これは重要な問いだ。これからの人生の分かれ道になりうる。

あなたは、本当に自由になりたいのか？

3 忙しさは「気のせい」

さて、その上で本質的なことを伝える。あなたは「早く時間を節約する方法を教えてくれ」と思っているかもしれないが、そんなのは今からする話と比べたら取るに足らないことだ。数分間の時間をセコセコと節約してもムダとは言わないが、問題は解決しないだろう。

忙しいのは「気のせい」だ。だからどんなにタスクが多くても、それを気にしなければ忙しくなくなる、以上。というのは半分冗談で、そこまで単純な話でもない。

忙しさというのは、頭の中の状態なんだ。客観的な事実ではなくて、主観的な解釈であるということ。

あなたの周りにも、驚くくらいたくさんのタスクをこなしつつ、いつも余裕があるように見える人がいるはずだ。これは実際に本人にも、忙しいという感覚がない。淡々とやるべきことをやっている、あるいはその状態を楽しんでさえいるかもしれない。これはつまり、忙しくはないということだ。

逆に、こちらからは大して重要なことは何もしていないように思えるが、いつも忙しそうにしている人というのもいるだろう。これは、実際に忙しいということになる。僕から見ると、ほとんどの人がそういう状態に思えてしまうが、どうだろうか。

忙しいかそうでないかを決めるのは、「頭の中が片付いているかどうか」だ。何かをしているときに（何もしていないときでさえ）、「次はあれをやらなきゃ」とか「今日中にこれもやらなきゃ」とずっと考えているなら、その人は忙しいということになる。頭の中が散らかっているから、忙しいと感じる。

そんな状態で長い時間を過ごすと、心身にストレスがかかって病気になってしまう。忙しさをゲーム感覚で楽しめているうちはまだ良いが、苦痛に感じているのなら、そろそろ改善が必要なときだ。

4 何に時間を使っているか

忙しさとは頭の中だけの問題だ。なので、頭の中を整理すれば忙しさは解消する。

整理をするのに最初に必要なのは、現状を知ることだ。**あなたが何に、どれくらい時間を使っているかを知ること。**「そんなのは、あえてやってみるまでもない。自分のことは自分が一番、よくわかっている」と思ったかもしれないが、案外そうでもないものだ。たとえばあなたは昨日、何に何時間使ったかを説明できるだろうか。

睡眠○時間、通勤○時間、書類作成○時間、会議○時間、食事○時間、勉強○時間……という感じだ。めんどうがらずにぜひ、ノートに書き出してみて欲しい。記憶だけに頼る必要はなく、スマホや手帳を見ながらで構わない。朝から順番に、時間の使い道を書き出していく。そして全て書き出したら、それを眺めてみて欲しい。

どうだろうか？　僕はセミナーの参加者に、いつもこのワークを

やってもらうのだが、

「そもそも、何をしていたか思い出せない」

「謎の時間が3時間もあった」

「YouTubeやテレビをこんなに長く見てるなんて……」

というような感想が多く出る。あなたがそんな状態だったからといって、何も悪いことはない。誰でも、そんなものだということだ。僕だって、いつもそこまで完璧に時間を使えているわけではない。


それでも、まず現状を知ることには意味がある。**書き出すだけで頭の中は整理される（つまり、忙しさが減る）し、これから何を変えていくのかがイメージできるようになる。**「思ったよりちゃんと仕事をしているな」「実は理想に近い時間の使い方をしている」と感じられる人もいる。それはそれで、良い気づきだ。

あなたがこの本を手に取った理由の1つである「時間がうまく使えていない」という悩みすら、思い込みみたいなものかもしれない。何に時間を使っているかを書き出すだけでその悩みが解決したのなら、早くも本書が役に立ったということだろう。自分が精一杯、生きているという気づきがあったのなら、このワークをやった甲斐があるというものだ。

5 そんな時間はない!?

いよいよ次の章からは、具体的な時間術に取り組んでいく。すでにこの本を読むと決めたあなたは「そんな時間はない」とは決して言わないだろうが、そうではないほとんどの人は本当にこう考えている。

「時間術？ そんなのをやっている時間はないよ。忙しいんだ！」

当たり前の話だが、忙しい人がその状態を解消するための手段が時間術だ。時間術は時間がない人が、時間を生み出すためにある。残念ながら本当に忙しい人、つまり頭の中が混乱している人は時間術の本も読まないし、時間術のセミナーに参加することもない。だからあなたは、そこまで重症の患者ではないということだ。

この本を読んでいるあなたは、時間を生み出せる人だ。時間を投資して、時間を生み出すという発想がある。お金と同じで、この「投資」という感覚があるかないかで、自由に使える時間は大幅に変わってくる。

これは生き方の問題だ。ただ人に与えられたことをこなして、時間に追われる生き方か。それとも時間を積極的に生み出し、コントロールする生き方か。時間の投資は、それだけの差を生む大切な考え方だ。

まあこれは、本書を手に取って頂いたあなたには、言うまでもないことかもしれない。校長先生が朝礼で、時間通りに来ている生徒ばかりの前で「遅刻している者がいる！　遅刻はいけない！」と言っているような話だ。

6 時間術は3種類

前置きが長くなったが、時間術であれなんであれ、大切なのはマインドだ。人はすぐに役立つノウハウを求めるが、マインドが整っていなければそんなノウハウはすぐに忘れて、やらなくなってしまう。元の木阿弥、ってやつだ。

逆にマインドさえ整っていれば、細かなノウハウなんて全部忘れても、必ず成果を出すことができる。もし飛ばし読みでここまで来てしまった人は、この1章はあとからで良いから読み返して欲しい。

さて、それではいよいよ本題に入ろう。

僕は今までサラリーマン時代から、また起業家としてあらゆる書籍を読み、またセミナー、講座に通って時間術を研究してきた。その結果としてわかったことだが、古今東西の時間術を分類すると、大きく分けて3種類になる。

それは、

①「詰め込む」時間術……**2章**

②「集中する」時間術……**3章**

③「やらない」時間術……**4章**

だ。

わりと伝統的というか、昔からあるのが①「詰め込む」時間術だ。いかにムダな時間を省き、スキマ時間を有効に活用するか。その根本には、いかに労働者にサボらせないかという単純な肉体労働をベースとした「生産性」の発想があるように思われる。とにかくたくさんのタスクをこなせば、生産性が上がるという発想だろう。

確かに、これも効果がなくはない。だが、今は知的生産の時代だ。長い時間、スキマなく働いたところで大して生産性は上がらない。

むしろ日本の生産性が低いのは、みんながだらだら長い時間、働いて疲れているからだと僕は思う。知的生産においては、生産性を高めるのは発想力であり、集中力だ。だらだらと長い時間働くよりも、キレキレで短い時間、仕事をしたほうがよほど良い。そういう背景から生まれてきたのが、②の「集中する」時間術だ。

そしてさらに時代は進み、今は生産性よりも個人の幸福を追求する大きな流れになっている。何をやるかよりも、何をやらないかが重要になってくる。そんなときに重要になるのが、③の「やらない」時間術だ。これは、最先端の時間術だ。まだわかりにくいと思うが、本書としてもっとも伝えたいことはそこにある。

人生を変える効果は①→②→③の順に大きくなっていくが、手軽に効果が出せるのは①なので、順番に読んでいくと良いだろう。もしあなたが時間術の本を読みまくっており、「よくある時間術なら全部知ってる！」というのであれば、4章までジャンプするのもありだ。

僕の本は全て通読しても、読書に慣れた人なら1〜2時間程度で読めると思う。だが時間術的な観点から言えば、ビジネス書は通読する必要はない。面白い、役に立つと思えば通読すれば良いし、興味のある部分だけ拾い読みしても本代の元くらいは取れる。

僕は通読派だが、「どこかで読んだことがある話だな」と感じる部分は「速読風」に流し読みをする。ビジネス書は1つでも役に立つことが得られればそれで十分。書いてあることを全部覚えようなんていうケチな考えは、捨てることだ。

第2章

「詰め込む」時間術

1 「書き出す」だけで大体解決する

さあ、本題に入ろう。まずはタスクを書き出すことだ。「またか」という声がどこかから聞こえてきたが、これは基本中の基本にして、実は多くの人がやっていない。確かにどの時間術の本にも書いてあるから知らない人はいないだろうが、それだけ重要だということだ。

そもそも、忙しさの正体とはなんだっただろうか？（これがわからなかったら1章に戻って見直してほしい）それは、頭の混乱だ。「あれもやらなきゃこれもやらなきゃ」と頭の中が散らかっていて、目の前のタスクに集中できなくなっている状態が、忙しいということだ。だから、その散らかったタスクらしきものをノートに書き出して片付ける。つまり何を、いつやるかを見えるようにするだけで、忙しさは大体解決する。

とにかく今すぐ（移動中などで無理だったらできるだけ早く）ノートを開いて、**やりたいことや、やらなくてはいけないことを全部書き出そう。**効果のほどは、保証する。

でも、どうやって？　あなたがいろんな時間術を試してきた「時間術ジプシー」なら、タスクの書き出し方が気になるはずだ。優先順位はつけるのか、何分くらいの大きさで区切るのか、プライベートのタスクはどうする、人に依頼するタスクはどうするのかなど……。

言ってしまうと、そんなのはどうでも良い。どうしてもこだわりたい形式があるならあとからやれば良いので、まずは頭に浮かぶタスクらしきものを全部、片っ端から書き出すんだ。箇条書きで良い。1ページに書ききれなかったら、2ページでも3ページでも良い。とにかく全部、できるだけたくさん書く。それで、〆切があるものは右側にそれも書く。こんな感じだ（図表2-1）。

どうだろうか、書き出しただけでかなり頭の中がすっきりしたは

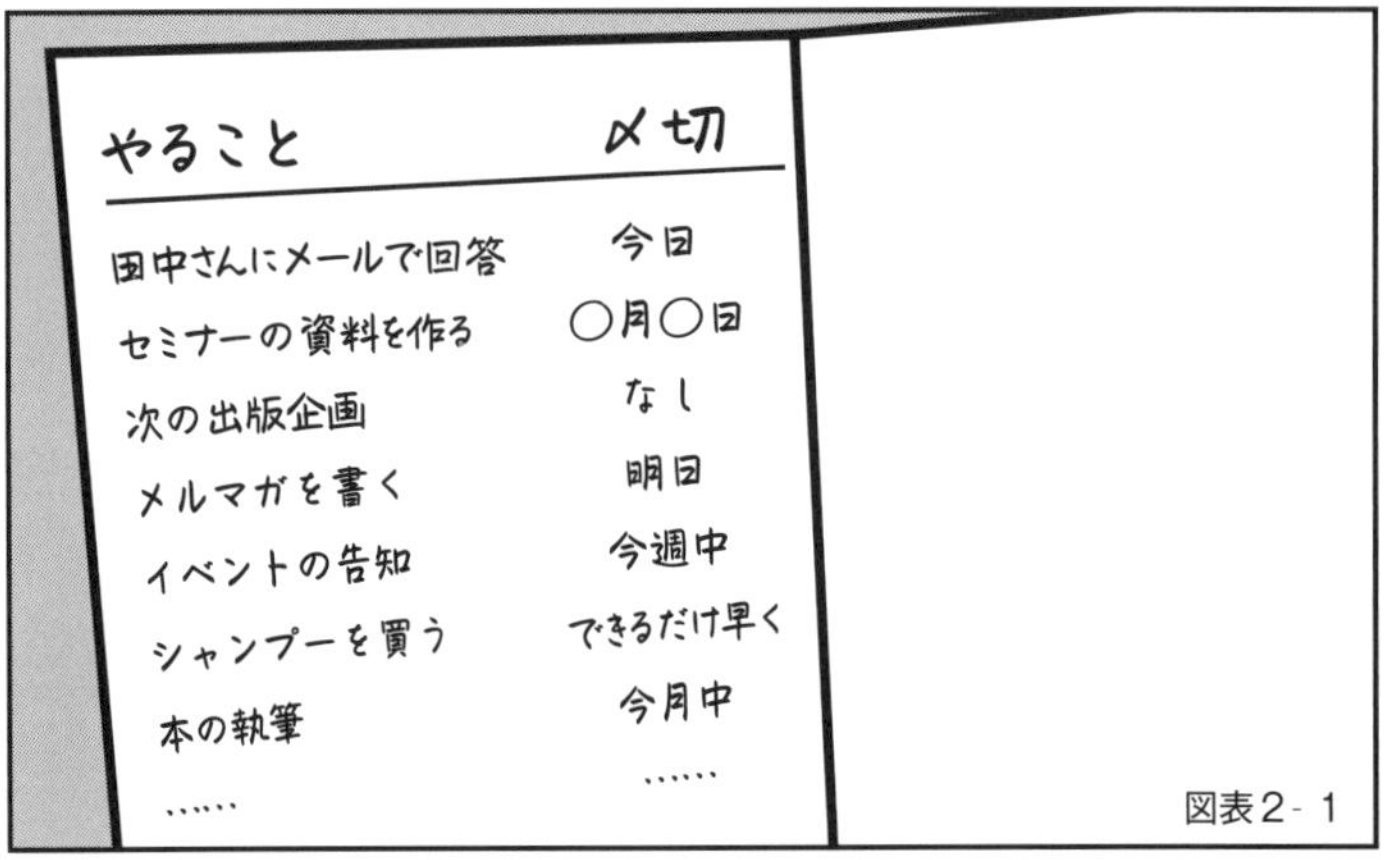
やること
〆切
田中さんにメールで回答
今日
セミナーの資料を作る
○月○日
次の出版企画
なし
メルマガを書く
明日
イベントの告知
今週中
シャンプーを買う
できるだけ早く
本の執筆
今月中
……
……

図表2-1

ずだ。思ったよりは、すぐにやらなくてはいけないタスクは多くないだろう。タスクの全体を眺めながら、今日は何をするかを決める。これでかなり、忙しさは減るはずだ。

タスクに優先順位はつけない。なぜなら、手間がかかるわりにほとんど意味がないからだ。ＡＢＣで重要かそうでないかを分類するとして、その基準は何だろうか？　ＢのタスクとＣのタスクはどこで線を引く？　優先度が高いが１週間後に〆切があるタスクと、優先度は低いが３日後に〆切のタスクがあったら、今日はどっちを片付ける？　優先度の低いタスクは、いつまでもやらなくても良いのか？

これは、あとの章でも改めて説明するが、優先度と〆切をベースに考えているから起こる問題だ。その代わりに**「いつやるか」で考えれば全てはすっきりする。**〆切はいつやるかを決めるために必要な情報なので書いておくが、優先度は必要ない。

2 脳はシングルタスク

脳はシングルタスクだ。本書ではいちいち科学的根拠を挙げないが、科学的にも体感的にも、このことは明らかだ。集中して取り組むことができるタスクは、1度に1つだけ。これが大原則。

こう言うときっと、「私は料理をしながら耳で学習をしている！マルチタスクだ！」というような反論があるだろう。実際、それは可能だ。ランニングマシンで走りながら音楽を聞くとか、散歩をしながら考え事をするとか、そういうことはできる。片方が半ば無意識でもできるようなことなら、複数のタスクを同時に捌（さば）くことはできる。僕だって、本を執筆するときに息を止めているわけじゃない。

僕が言っているのは、**「集中を要することは1度に1つだけしかできない」**ということ。

ＹｏｕＴｕｂｅの癒し系動画を耳で聴きながら、簡単な動画編集くらいの作業はできる。しかし、セミナーの動画の内容を意識して聴きながら執筆はできない。どちらか、もしくは両方がおざなりになってしまう。ＢＧＭとしての音楽はどうかと、よく質問される。個人差はあると思うが、僕だったら日本語の歌詞がある曲は、ＢＧＭとしてはかなり厳しい。歌詞が情報として気になってしまうからだ。クラシックやジャズ、洋楽だったらあまり気にならない。実際カフェやシェアオフィスでも、そういう音楽は流れている。

繰り返す。脳はシングルタスクだ。１度に集中できることは１つだけ。そういう構造になっているということを受け入れて、タスクを処理していくとうまくいく。できるだけ雑念を排除して、1つのことに集中できる環境をつくるのが「詰め込む」時間術だとも言える（まあ、その意味では「集中する」でもあるのだけれど）。

何かの作業をしているときに、別の作業のことを考えるのをやめる。そのための仕組みづくりをしよう。先ほどやってもらった、タスクを紙に書き出すのは、その最初のステップだ。やるべきことは全て書いてあるので、脳が覚えている必要はない。そう感じるだけで、脳にかかる負荷が少し減る。より集中できるようになるというわけだ。

何かのタスクに集中してるときに、次のタスクとか、ましてや明日やる予定のタスクのことを考えるのはムダだ。そんなことは外部の脳であるノートに書き出して、「本体」の脳をそのムダなことから解放し、今やることに集中させてあげよう。別に、そんなことは大した苦もなく覚えておける、小さなことと感じるかもしれないが、こういうことの積み重ねがいずれ圧倒的なパフォーマンスの差を生む。

3 スキマ時間を使いすぎない

時間術の本にはよく、「スキマ時間を活かせ」「いつでもやれることを書き出しておいて、スキマが空いたら、すぐにそれをやれ」と書いてある。まあ「詰め込む」時間術というのはまずはそういうことだし、やらないよりはやったほうがタスクは減るから良いかなあ、とは思う。

だが、スキマ時間の活用は全体から見たら、そこまで重要ではない。実際、僕も電車に乗ったらスマホでXへの予定投稿を書くようにしている。スマホゲームをするくらいなら何かしたほうが良いし、この30分の積み重ねは決してバカにはできないとも感じている。

それでもなお、本質はもっと他のところにあると感じる。山手線の電車内でパソコンを開き、大急ぎで資料の修正をしたりメールを打っている人を見ると「それは段取りが悪すぎでしょ……」と思ってしまう。本人はスキマ時間を活かして充実した仕事をしているつもりかもしれないが、こっちから見るとセキュリティが心配になるし、ミスをしそうだからそんな人に仕事をお願いしたくないなあとなる。トータルで見ると、仕事全体の効率はよくないだろう。

会議の合間など10分、15分のスキマ時間にメールの返信などの小さなToDoを詰め込むと、時間が効率的に使える気にはなる。しかしその時間は、次のタスクの準備や休憩に充(あ)てたほうが結局は効率的かもしれない。メールの返信は時間を決めて、まとめてやったほうが効率もよく、うっかりミスも減る。僕は移動時間などのスキマ時間にメールやメッセージに反応すると、ミス（受けるべきではない依頼を受けてしまったり、雑な言葉遣いをしてしまったり）をしやすいので、落ち着いた環境で一呼吸置いてから回答することにしている。

スキマ時間の使いすぎ、というのはつまりそういうことだ。**スキマ時間までフル活用してぎりぎり成立するような仕事の仕方は、おそらくは根本的に間違っている。**スキマ時間を活用するのはあくまで、ゆとりを生み出すためだ。「スキマ時間をムダなく活用しなくてはならない」と強迫観念を感じてしまうようなら、本末転倒だということだ。

スキマ時間はうまく使えば良い。でも、使いすぎないように。

4 「やる気」に頼らない

僕はよくカフェに行くのだが、隣の席で高校生くらいの子が何人かで一緒に勉強をしていることがある。定期テストを直前に控えて、勉強をしなくてはいけないというその意識は立派なのだが、残念ながらやり方がよくない。そもそも勉強は一人でやるもので、友達と一緒に勉強なんて集中できるはずがない。おしゃべりをしたくなるに決まっている。

それでも大体、4人いたら2人くらいはそれなりに勉強をしていて（なので全くムダとも言い切れない）、あとの2人がほとんど手が動いていない。それで、ずっとこんなことを言っている。

「まじでテストだるい」

「やる気、出ないわ〜」

「30分後から本気出す」

「今夜、徹夜でやればギリ間に合う」

などなど……いつまでも勉強が始まる気配がない。テストの結果も推して知るべしだろう。


他人事（ひとごと）だと笑っているかもしれないが、あなたも似たようなことをしていると身に覚えがないだろうか。いざ仕事に取り掛かろうとしても、

「今日はやる気が出ないから、ちょっと気分転換にYouTubeを

見てから……」

となっていないだろうか。何を隠そう、僕自身がいつもこんな感じの衝動と戦っている。実際にYouTubeを見てしまうこともある。ではその「気分転換」はうまくいくのかというと、全くうまくいかない。動画を見たら、また次の動画が見たくなるだけだ。いつまでも、仕事をやりたくなることはない。

いつかどこかから「やる気」が湧いてきていくらでも頑張れる、というのはありもしない幻想だ。少なくとも僕は朝起きて、「やる気」に満ち溢れていることなんて、まずない。シェアオフィスに移動したら「やる気」になっていることも、ほとんどない。まあ大きなイベントを主催する日とか自分の本の発売日とか、一時的に興奮状態になることはあるけれど、そんなことはせいぜい年に数回だ。

他の日はさっきの高校生と同じ。いつもだるいし、「やる気」なんて湧いてこない。それでもオフィスに着いたらすぐに、その日の最優先タスクに取り組むことにしている。どうしても抵抗がある場合は、もう少し軽めの、手をつけやすいタスクを選ぶこともある。それらのタスクで手を動かしているうちに脳が活性化（作業興奮という作用）してきて、ようやく「やる気」らしきものが出る。気がついたら没頭していて、ランチの時間になっていたりする。そういうものだ。

　勉強も仕事も、「やる気」に頼らないこと。学校や会社にいるときのように、時間がきたら作業を始める。**「やる気」が出てから作業をするのではなくて、作業をすることで「やる気」が出る。**その他には強いて言えば、場所を変えると「やる気」は出やすくなる。変な話だが、僕にとってはオフィスよりもむしろカフェのほうが集中できる場所というイメージが刷り込まれているので、実際にカフェに行くと集中できる。どうしても集中して仕事ができないと感じるときは、必要なものだけを持ってカフェに行くことにしている。

5 移動中や寝ている間に考える

僕が移動時間にしていることは、Xの予定投稿の他にあと2つある。それは昼寝と、ブログネタなどのアイディアを考えるということだ。昼寝は、スキマ時間の活かし方としては最高だ。冗談抜きに、これがもっとも効率的な時間の使い方だと考えている。僕は15分あれば、たいがいどんな環境でも眠ることができる。腕時計のタイマーをセットして、目をつぶる。15分後にはすっきり目覚めることができる。特技に近い。

今はそうでもないが、子供の頃は身体が弱かったので、「無理をしたら倒れる」という自分に対するイメージがある。そのため、限界まで追い込まれるようなスケジュールを決して組まないし、限界のかなり前で早めに休む。少しでも時間があれば寝るというのも、セルフケアの一環だ。この15分程度の昼寝も、近年では「パワーナップ」などと呼ばれて科学的に正当化されてきているので、嬉しい限りだ。サラリーマン時代は昼休みに少し昼寝をしていても「余裕があるんだな」と皮肉を言われたりしたもので、堂々と昼寝をするために起業をしたという面もちょっとはある。

昼寝と同時になることもあるが、次のブログに何を書こうかというレベルのちょっとしたアイディアを、移動中には考えている。思いついたらスマホにメモをするが、それまでは周りからはただ、ぼ～っとしているようにしか見えないだろう。

ちなみに、ぼ～っとするのもスキマ時間の使い方としてはかなり良い。少なくともスマホを見るよりは、はるかに良い。スキマ時間を細切れのタスクで埋め尽くしてしまうと、脳が疲労から回復する時間が取れなくなってしまって、結局は全体の効率が落ちる。昼寝をしたりぼ～っとしたり、公園を散歩する時間を僕は、とても大切にしている。そういうときに、良いアイディアが浮かんだりするものだ。

もう少し込み入った内容の考え事、例えばセミナーの構成や話す内容、執筆のアイディアなどは、寝ている間に考える。誤字ではない。

「寝ている間に考える」のだ。

例えば明日、セミナーがあるとする。新しいセミナーをするときは、いつも直前まで資料を直したり、話す内容を考えたりしている。もっと余裕をもって仕上げられないかとやってみた時期もあったがムダだった。完成はいつも当日の午前中だ。

寝る前に資料に目を通して、一応はできているけど、まだイマイチだな、もっとよくなるアイディアは何かないかな、と考えながら就寝する。すると、朝起きたときや歯磨きをしているとき、電車の中などで、はっと面白いアイディアが浮かぶことがとても多い。

これは、寝ている間に考えているとしか言いようがない。グリム童話で、寝ている間に小人が靴をつくってくれるという話があったが、まさに無意識の「小人」がいて、夜中に仕事をしてくれている感じだ。この話をすると、「自分もそれをやっている」という人と、「そんなことができるはずがない」という人にはっきり分かれる。

もしかしたら誰にでもできることではないのかもしれないし、コツさえわかればできることなのかもしれない。

あなたもぜひ一度、試してみてほしい。ただ、くれぐれも、それがなくても間に合う、合格点には達していることが前提だ。「今夜、寝ている間にアイディアが出なかったら終わり」というような、リスクが大きすぎるスケジュールだけは組まないように！　眠れなくなるので！

6 ツールを使いこなす

ツールを使いこなすと言っても、僕が時間管理で使っているツールはかなりシンプルだ。プログラミングスキルが必要だったり高価だったりといった、特別なものは何もない。広めに見てもせいぜい、この5つだろう。

- ●（手書きの）ノート
- ●Notion
- ●Googleカレンダー
- ●フセン
- ●メール、メッセンジャー、LINE

順番に説明していこう。まずノートだが、ノート術についての本を書いたことで今やこれは僕の代名詞になった。なのに申し訳ないのだが、時間管理という意味では「タスクの洗い出し」「頭の整理」にしか使っていない。既に書いたように、やるべきこと・やりたいことを全部書き出して、〆切をメモしておく。そして、それぞれのタスクを「いつやるか」決める。基本的には、それだけだ。
大きなプロジェクトがいくつも同時に走るときは、ノートに書きながら、その整理や並べ替えをすることはある。ここでもプロジェクトやタスクに優先順位をつけるのではなく、いつやるか（もしくはやらないか）を決めるだけだ。近づいてきた大きなプロジェクトを30分単位くらいの小さなタスクに分解し、そのタスクをいつやるか決めることを僕は「タスク化」と呼んでいる。「いつまでにやるか」を参考に「いつやるか」を決めることが重要だ。

次に、いつやるかを決めた「タスク」をＮｏｔｉｏｎのデータベースに載せていく。Ｎｏｔｉｏｎとはメモやタスク管理、データベースなどさまざまな機能を一元的に使うことができるクラウド型の万能アプリだ。スマホでも連動して使えるので、重宝している。

　このNotionで簡単なデータベースをつくり、タスク管理をしている。タスクの内容といつやるかを入力しておくと、期日が近づいたものが上がってくる仕組みだ（図表2-6①）。これから僕がやるべきことは、Notionに全て入っている。作業そのものや〆切をうっかり忘れることは、まずない。その安心感がすごく大きいし、脳の負担がかなり減る感じがする。

　そうやってタスクを一覧にし

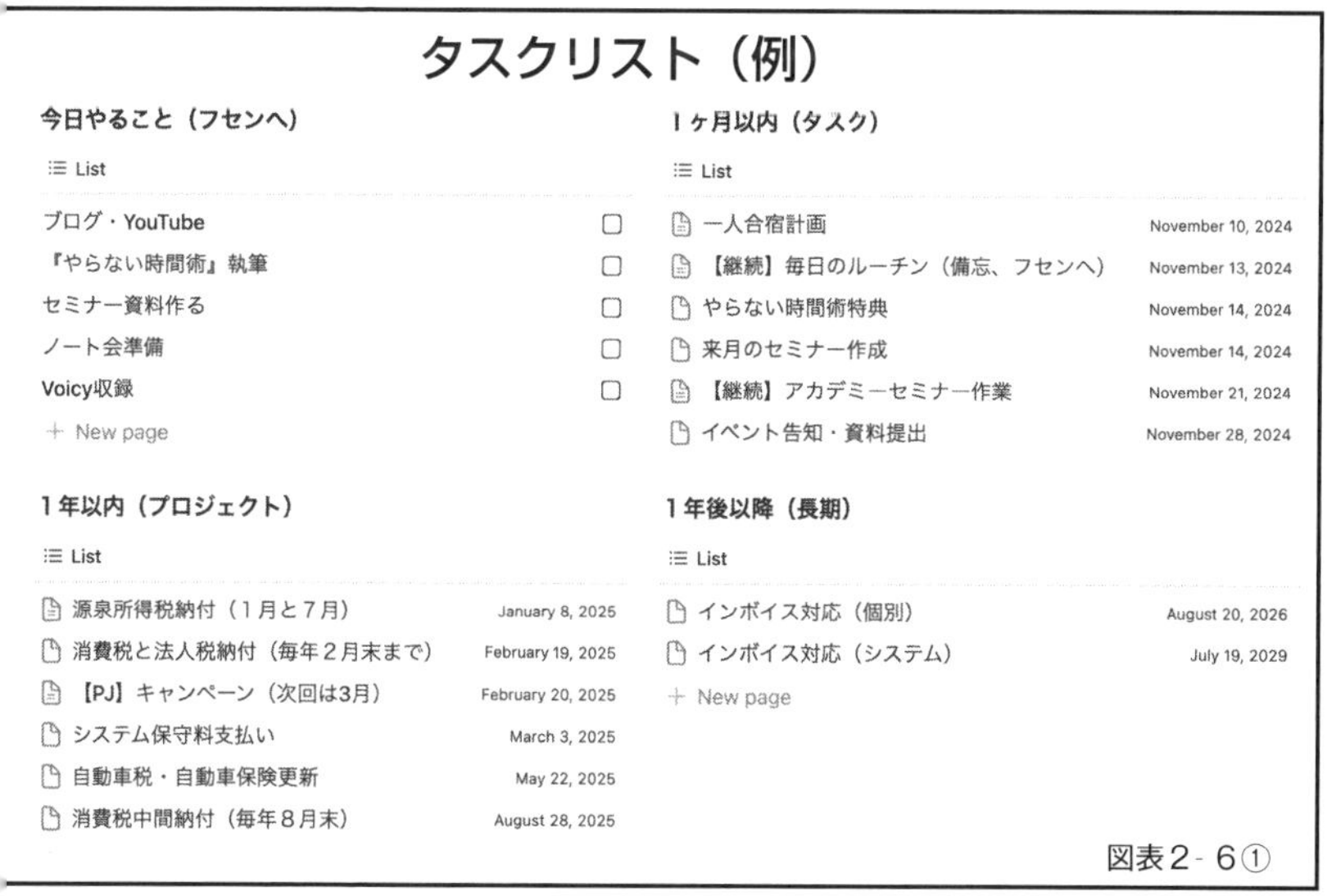

タスクリスト（例）
今日やること（フセンへ）
List
ブログ・YouTube
『やらない時間術』執筆
セミナー資料作る
ノート会準備
Voicy収録
New page
1ヶ月以内（タスク）
List
一人合宿計画 November 10, 2024
【継続】毎日のルーチン（備忘、フセンへ） November 13, 2024
やらない時間術特典 November 14, 2024
来月のセミナー作成 November 14, 2024
【継続】アカデミーセミナー作業 November 21, 2024
イベント告知・資料提出 November 28, 2024
1年以内（プロジェクト）
List
源泉所得税納付（1月と7月） January 8, 2025
消費税と法人税納付（毎年２月末まで） February 19, 2025
【PJ】キャンペーン（次回は3月） February 20, 2025
システム保守料支払い March 3, 2025
自動車税・自動車保険更新 May 22, 2025
消費税中間納付（毎年８月末） August 28, 2025
1年後以降（長期）
List
インボイス対応（個別） August 20, 2026
インボイス対応（システム） July 19, 2029
New page

図表2-6①

て眺めていると、「この日にタスクが集中しすぎているから、ちょっと無理があるな」とか「これはもっと前倒しでできるな」というような気づきがたくさんある。早くチェックを入れてタスクを片付けたいという気にもなる。良いことづくめだ。

これもノート好きとしてはあるまじきことなのだが、僕は紙の手帳は使わない。スマートフォンが登場するまでは手帳を使っていたが、今やどう考えてもスケジュールはGoogleカレンダーで管理すべきだ。繰り返しの予定を簡単に入れられる、スケジュールの修正が簡単、日次・週次・月次のビューを切り替えられるので一覧性も優れている、他の人と共有もできる。そして何より、スマホはいつも持ち歩いているから、いざというときに手元に手帳がない、なんてこともない。

人と会うアポやイベントの予定はもちろん全て入っているが、実行の時間が決まっているタスクをGoogleカレンダーに入れることもある。15：00–17：00セミナー作成、のような感じだ。ちなみに僕は、月・木・日とそれ以外の曜日の午前中は常に繰り返し予定でブロックしている。これは自分との約束が入っているということで、場合によっては「調整」することもあるが、基本はそこに予定を入れない。これもGoogleカレンダーの繰り返し予定機能で未来永劫、ブロックすることができるから便利だ。

そしてフセン。これは75㎜×75㎜の正方形のものを大量に買って常備してある。大量に買うとフセンも安くはないが、頭の中が整理され、時間を生み出すことで十分に元が取れる投資だ。簡単な打ち合わせや頭の整理のメモに使ったりもすることもあるが、主な用途は1日のスケジュールとタスクを書き出すことだ（図表2-6②）。

1日にこなせるタスクは、せいぜい5〜6個。「30分単位のタスクなのだから、8時間仕事をするとしても10個くらいはいけるのでは？」と思うかもしれないが、なかなかそんなに思う通りにはいかない。そもそも、1日に集中できるのはせいぜい3時間くらいだと思う。さらには作業時間の見積もりがずれていたり、上司や取引先から急な依頼があったり、電話が鳴ったりするものだ。それらあとから入ってきた用事はタスクと呼べるほ

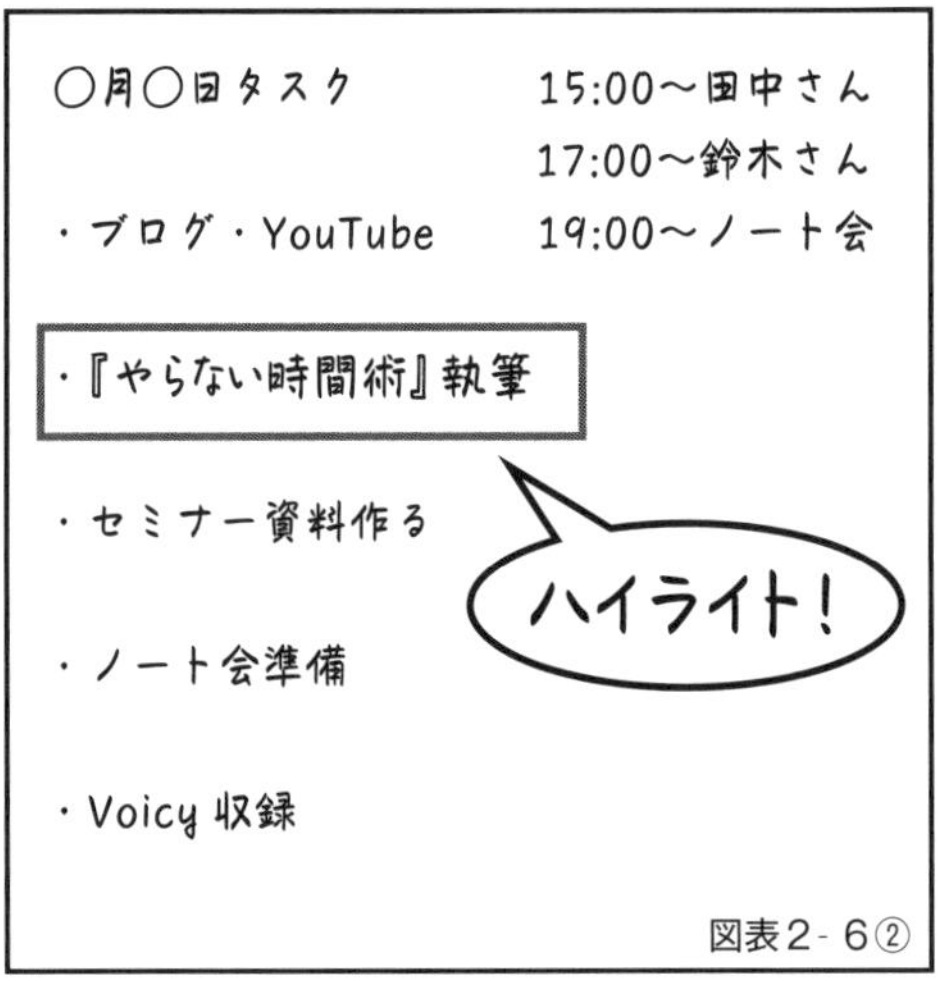

図表2-6②

どのものではないが、必要であればToDoとしてもう一枚、別のフセンにメモをするようにしている。
タスクの量は欲張らず、「終わったら、あとから追加する」くらいの気持ちでいたほうがうまくいく。逆に「たくさん書いておいて、できるだけやる」でも良いように思うかもしれないが、それは精神衛生上はよくない。積み残した……と後悔するのではなくて、やり切ったという感覚を持って1日を終わるようにすると気持ちが良いし、結果として仕事もはかどる。

メールやメッセンジャーといったツールはもちろん人との連絡用に使っているのだが、スケジュール管理に活用することもある。方法は至ってシンプルで、メールだったらタスクが完了していない依頼ごとなどのメールをメールボックスに残しておく。その時点でメ切も決まっておらず、自分が作業を抱えてもいない、「ボールが向こうにある」ものはタスクとしては認識せず、メールだけ残しておく。メールボックスを眺めて、しばらく動いてないなと思ったら、「これって、どうなりましたか？」と連絡する、くらいの位置付け。頭の中をすっきりさせておくためには、できるだけボールを持たないことがポイントだ。

Facebookメッセンジャーは、返信していないメッセージを未読にしておく。というか、返信できるときにしか既読にしない。めったにないが、うっかり既読にしてしまったが回答に時間がかかりそうなものは「あとで返信します」とだけ回答をしておいて、フセンかGoogleカレンダーに書いてタスク化・スケジュール化する。

以上。スケジュールは全てGoogleカレンダーに入っているし、タスクはNotionに入っている。今日やることはフセンに書いてある。そういう状態にしておいて、目の前にあるタスクに集中する。いろいろ試してみて、ごくシンプルなこのやり方に落ち着いた。全て僕と同じようにする必要は全くないが、何かは参考になるはずだ。

7 アポはまとめる

スケジュールの組み方で、「詰め込む」時間術に関係することを1つだけ。それは、**アポはできるだけ同じ日にまとめる**ということだ。たとえば週に5日仕事をするとして、10件のアポを好きなように入れて良いとしたら、あなたはどうするだろうか？

今は結論を先に伝えているので、「1日2件、平均的に入れる」

と回答した人は少ないと思うが、実際のスケジュール調整となると、「月曜はもう午前中と夕方にアポが入っているから、この日は忙しくなるのがイヤだから避けよう」とやってしまう人が多い。何かあったらいけないから、と無意識に予定を分散してしまうのだ。

この問題の正解は、「10件のアポを1日か2日に集中して入れる」だ。Zoomで1件30分のアポなら1日でもこなせないことはないだろうが、現実的にはまあ2日。5件ずつまとめて入れて、他の3日を空けるべきだ。これにより、大きな時間が生まれる。

「それは作業を並べ替えただけで、時間が生まれているわけではないのでは?」と思ったかもしれないが、そうではない。工場のラインと同じように、**人の脳にも切替時間というものがあって、異なる種類の作業をするまでには準備のために時間が必要になるのだ。**

どれくらいの切替時間が必要になるかは個人差があると思うが、僕は特に内向的なので、人と話したあと、少なくとも1時間くらいは、執筆などの集中を必要とするタスクが手につかない。なんなら人と会う前の1時間も、そわそわして目の前のタスクに集中できなくなる。1件のアポを入れるだけで、前後の2時間が消える感覚だ。これはやや重症な事例かもしれないが、そんな僕でもその2時間を有効に使う方法はある。それは、その時間に人とのアポを入れるということだ。

人と話をするモードに入っている頭のまま、次のアポに入ることは全く問題ない。セミナーや交流会などもこなせる。交流会のあとに人とのアポも大丈夫。そういう**「同じ種類」のことなら切替時間ゼロで、どんどんタスクをこなすことができる。**だったら、そういうことを同じ日に固めることで時間が生まれるというのは効率的ではないだろうか。

アポを2日間に集中させることによってつくり出した3日間で、集中が必要なクリエイティブなことをする。これは本当は順序が逆で、まずはその3日間に自分との約束を入れて、時間を確保すること。空いている2日間だけ、人とのアポを入れるようにすれば自然とアポはまとまる。相手があることなのでそんなにきれいにはいかないだろうが、意識するかどうかで大きな差が出てくるところだ。

第3章

「集中する」時間術

1 午前中に集中して作業する

さて、この章では「集中する」時間術についてお伝えする。既に述べたように、知的生産においてはスキマ時間に「詰め込む」よりも、「集中する」ことのほうがはるかに重要だ。

もっとも、お気づきの通り、本書の「詰め込む」時間術には「集中する」ための内容が既に多く含まれている。それが、より本質的だからだ。

早起きについて。僕がずっと時間術の本に対して不満だったのは、どの本にも「早起きすれば時間が増える」ということが書いてあることだ。「早起きせずに成功した人はいない」くらいの表現もあって、早起きが苦手な僕は、その度に「ああ、自分はダメなんだな……」と残念な気持ちになったものだ。

もちろん、早起きができるに越したことはない。サラリーマンや小さな子供を抱えるママなら、朝しか自分の自由になる時間はないとすら言える。僕もサラリーマン時代は、早起きをして朝7時前から9時ぎりぎりまで会社の近くのカフェで勉強をしたり、頭の整理をしたりしていた時期がある。資格取得などの一定の成果は出たが、早起きは自分には合わないと確信するに至った。

早起きすると、昼間、どうしても眠くなる。1日トータルで考えると、集中して作業ができる時間が減るという感覚がぬぐえない。

何より朝、布団でだらだらするのは最高に気持ちよく、人生でもっとも幸せな時間だ。これを犠牲にしてまで得なくてはいけない成功とはいったい、なんなのか。仕事なんてしっかり眠ってすっきりした頭で、集中して効率的にやれば良いじゃないか。ずっとそう考えていたが、世間の無言の圧力に負けてなかなか言い出せなかった。

そんな僕の救いとなった時間術の本が、『脳のパフォーマンスを最大まで引き出す 神・時間術（樺沢紫苑／大和書房）』だ。この本には「午前中、もっとも集中できる時間に一番重要な仕事をする」ということが書いてある。時間には密度があり、ただ単に長い時間を使えば良いというものではない、集中力を高めるために睡眠や運動に工夫をしなさいという内容で、とても合理的だと思った。著者の樺沢紫苑氏は精神科医であり、睡眠の重要性を訴えているのも僕の感覚に合った。

「コーヒーを飲んで良いのは午後2時まで」

「食事は就寝の２時間前までに」
「お風呂は１時間前」
「ブルーライトを浴びない」

などなど、今では睡眠に興味のある人にとっては常識となったこれらの科学的知見も、世に広まったのはこの本がきっかけだと認識している。少なくとも、僕はこの本で知った。もっとも素晴らしいのは、「早起きしろ」とは書いていないことだ。

この本の影響で、僕は午前中に本を書くようになった。１日でもっとも集中力の高い時間帯である朝に（早起きはしないが）執筆して、運動によって脳を活性化させ、また午後に仕事をする。そうすることで集中して作業できる時間が増え、１日の時間が質的に２倍になるというのが、この本の主張だ。まさにこれを理想として、日々の生活をしている。

詳細は後述するが、僕の理想の1日の計画においては、このように『神・時間術』の影響を大きく受けている。誰かに「何か1冊、時間術の本を紹介して欲しい」と言われたら、いつもこれをおすすめしている。「集中する」時間術の代表的な位置付けにある本であり、時間術を追求するものにとっては必読の書だ。

2 スマホ・テレビからの支配から逃れる

お子さんがいる方なら、タブレットやスマホにハマっていく我が子の姿を見て恐怖を感じたことがあるだろう。放っておくと、ずっとTikTokの画面をスワイプしている。同じ音楽がエンドレスに

読者特典

『やらない時間術 安田修』

読者限定
必ずもらえる！ 2大特典！

【特典】特別セミナーとPDFを無料プレゼント

https://entry.fra-sco.jp/p/jikan

特典1：出版記念特別セミナー

『ノートの活用で自由になる、
「やらない時間術」セミナー』に無料でご招待します。
セミナー実施後はアーカイブ動画での提供になります。

特典2：『すぐに使える時間術リスト100』PDF

手軽に試せる時間術のアイディアを
「詰め込む」「集中する」「やらない」の3つに
分類して100個ご紹介。受け取るだけで時間が増えます。

各種イベント情報

https://entry.fra-sco.jp/p/event

著者の安田が主催する
各種イベント・セミナーの情報はこちらから。
本書を持参で、フラスコノート会への
初回参加が無料になります。

※この特典は予告なく内容を変更・終了する場合がございます。
※本特典に関するお問い合わせは、株式会社シナジーブレイン（yasuda@fra-sco.co.jp）まで

リピートされて「こっちの頭がおかしくなるから、やめてくれ」と言ったことも何度かある。

実際うちの子はスマホにハマりすぎて、学校に行けなくなりかけたり、受験に失敗しかけたこともあった。その都度、家族会議で危うく切り抜けてきた歴史がある。

うちにはテレビもあるが、さすがにそっちはもうほとんど見ない。だが、たまに実家に帰省すると、１日中テレビがつきっぱなしになっているのを目の当たりにして、両親の心身の健康が心配になったりもする。なんというか、ずっとテレビを見ていると不安で攻撃的な気持ちになる。どうして、あんなにネガティブなニュースばかり繰り返してやっているのだろう。

ここではわかりやすく子供と両親の例を挙げたが、自分自身だって決して例外ではない。気がついたら何時間もYouTubeを見ていることがあるし、視界に入るところにスマホがあったら気になって作業に集中できない。集中する作業をしたいときはスマホの電源を切って、カバンの中にしまう。それでも、ときどき取り出してわざわざ電源を入れるのだから、いかにスマホに脳が支配されているかがわかる。

なので一人合宿（詳細後述）をするときは、そもそもスマホを持っていかないようにしている。シェアオフィスと同じビルの違うフロアにスタバがあるのだが、集中して考え事をしたいときは、あえてカフェに行く。持ち物は、決済に必要なプリペイドカードとノートとペン、これだけだ。スマホやパソコンがあると、どうしても気になってしまうし、本があったら読んでしまうから、手の届くところに置かないことだ。

インプットはアウトプットより楽なので、人間は選べるならば楽なほうを選んでしまう。どうしてもノートを書くより、本を読むほうが楽なので、それしかしなくなるのだ。

人間の意志は弱い。特に僕の意志は弱いということが自分でよくわかっているから、最初から意志の力に頼らない。自分の意志の力を全く信用していない。**意志を変えるのではなくて、環境を変える。**それしか考えていない。

どうしてもテレビを見てしまうという人であれば、リモコンをどこか離れた場所の引き出しにしまっておいたり、リモコンの電池や本体の電源コードを抜いておくことをおすすめする。スマホも今いる部屋から離れた場所で充電しておく。うちの息子は受験前、どうしてもスマホを触ってしまうことに悩んでいたが、ついには自分でスマホを鍵のかかる箱にしまい、また何十桁にもおよぶ長いパスワードを設定してスマホの支配を逃れていた。使うためにひと手間が必要だと、それが面倒に感じて触る機会が減るものだ。環境を変えよう。

3 AIを活用する

ＡＩ（人工知能）のことは、本には書きたくない。誤解しないで欲しいのだが、僕はＡＩは大好きだ。ＧＰＴ４が世に出たときは後頭部をハンマーで殴られたような衝撃を受けて、その後３カ月はＣｈａｔＧＰＴばかりやっていた。ＡＩとＬＩＮＥを活用したＣｈａｔｂｏｔを自分で開発したくらいだ。もちろん日常的にＡＩを活用しているし、それによる時短効果は大きい。大いに活用するべきだし、使わないという選択肢はもうないだろう。

ではなぜ書きたくないかというと、変化が早すぎるからだ。こうしている間にもいつＧＰＴ５が発表されるかもしれず、それが実質的にはＡＧＩ（汎用人工知能）と呼べるものになっている可能性すらある。ここで僕が書いたことは、この本が印刷されて書店に並ぶ頃には確実に古くなっている。

それどころか、今この瞬間であっても、「安田さん、今はもうＣｈａｔＧＰＴはベストじゃないですよ」「文章をつくるだけがＡＩの活用方法じゃないですよ」「安田のＡＩに対する理解は古すぎる」「そもそもＡＩとは……」などと突っ込んでくる人がたくさんいるはずだ。僕はＡＩの専門家じゃないし、ＡＩツールの情報収集に必要以上に時間を使うつもりはない。

ということを踏まえて、なお現時点の僕のＡＩの活用法を書くとすると、まず本の執筆や情報発信には一切、使っていない。今のところ、ＡＩがつくった文章を直すより、自分で書いたほうが結果的には早いと思っている。ＡＩはとても早く、それなりに適当な文章を書いてくれるのだが、そこから「ＡＩっぽさ」を抜くための労力が大きい感じがするのだ。お金をもらう文章にはまだ使えない、という感覚だ（あくまでこれは感覚なので、異論は認める）。

では何に使うかというと、まずは外国語を使う必要がある場面。英語情報を読みたいときや、海外ツールのサポートデスクとのやりとりなどだ。英語をＣｈａｔＧＰＴを通すと、とりあえずは日本語にできるし、要約してもらうこともできる。その逆も可能だ。時間をかけて英作文をしたり、日本語訳が出てくるのを待つことがなくなる。英語に対する苦手意識がＡＩによって克服された。これは大きい。

あとは、やたら文字数の多いアンケートフォームを埋めなくてはいけないときとか、形式的なメールを書かなくてはいけないときに、代わりに書いてもらったりすることもある。クオリティを問われない文章は、全てＡＩに任せてしまえば良い。

文章関係で使うのはそれくらいで、むしろアイディア出しに使うことのほうが多い。何か新しいことをしようとするとき、ＣｈａｔＧＰＴに「壁打ち」をしてもらうと、頭の中が整理される。思考のクセによる盲点もある程度、潰すことができる。「こういうことをやろうとしているけれど、他に観点はないかな？」みたいな感じだ。一種のコーチングだ。出てきた回答に対して**「こういう視点でもっと詳しく」「他には何があるか」と質問を繰り返すのが活用のコツだ。**

そして一番助かるのが、システム関係で困ったときの相談相手だ。新しいツールを導入したらうまく動かない、よくわからないエラーが出ているといったときにＣｈａｔＧＰＴに相談すると、驚くほど正確な解決法を教えてくれることが多い。ＣｈａｔＧＰＴとやりとりをしながらなら、よく知らないツールやプログラム言語を使って、独自のサービスをつくることすらできる。もはや時間術の枠組みを出た話になっているが、ＡＩの活用が膨大な時間を生み出す可能性は、感じて頂けるのではないだろうか。

ＡＩの発達により、いずれは時間を有効に使うことが人間の課題ではなくなり、むしろ余暇に何をするかが深刻な課題になるだろう。そういう時代が、すぐそこにきていると僕は考えている。時間術の終わりだ。だからこの本の役割も、それまでの間ということになる。何年間かはわからないが。

4 よく寝る、運動する、本を読む

本書の「はじめに」でお伝えしたサラリーマン時代の僕の状態——朝早くから夜遅くまで働いて、大きなストレスを抱えて晩酌をし、常に寝不足という生活リズム——だと、能力の半分も発揮できていなかったのではないかと今はわかる。運動も、読書によるインプットも、十分にはできていなかった。「時間がないから仕方ない」と自分では思っていた。

振り返って今思えば、全く集中して仕事ができていない。寝不足・運動不足・インプット不足の恐ろしいところは、本人に自覚症状がないということだ。周りから見たら明らかに頭が回っていないのに、自分では「一生懸命やっている」と思っている。さらには、それが自分の本来の能力だと思い込んでしまったりさえする。

今はよく寝ているので、いつも調子が良い。たまに少しでも寝不足になると、明らかにパフォーマンスが落ちるのが実感できる。これは、普段の睡眠が足りているからこそだ。いつも睡眠不足だと、パフォーマンスの低下に気づけない。恐ろしいことだ。


ひと昔前は、受験でも四当五落という言葉があった。「4時間しか寝ないヤツが受かり、5時間も寝る怠惰なヤツは落ちる」という意味だが、今思うと酷い言葉だ。もう完全に死語だろう。

仕事の場面でも「24時間戦えますか」というキャッチコピーがあり、何となく社会全体に「長時間バリバリ働き、寝ないでも成果を出せるのが優秀な人間だ」という感覚があった。ロングスリーパーの僕は、肩身の狭い思いをしたものだ。

今は、まだ完全にではないが、少しずつ科学的に睡眠の効果が解明されてきて、記憶の定着にもパフォーマンスの改善にも睡眠が重要な役割を果たしていることが明らかになってきた。世界トップクラスの大富豪であるAmazonのCEOジェフ・ベゾスが8時間眠っていることを公言するなど、長い睡眠時間＝怠惰というイメージが大きく変わってきた。胸を張ってぐっすり眠れる世の中になったのは、ありがたい限りだ。

脳のコンディションを整えるのは、睡眠だけではない。食事などの生活習慣も重要だ。さらには、ある程度の年齢になると「運動」の有無がパフォーマンスに大きな影響を与えることを実感する。だから僕は毎日、ジムに通うことにしている。ことにしている、という微妙な表現は、なかなか行けないことが多いということだ。運動があまり好きではないので、ついサボってしまう。これは課題だ。それでも、週1～2回でも大きな差が出る。これも、全く運動をしていないときには実感できない感覚だ。

　病気になってしまうと膨大な時間が失われてしまうので、運動への投資はリターンが大きい。なかなかリアルに実感できないので、過小評価してしまいがちなところなのだが。

　脳に栄養を与えるという意味では、インプットの質・量も大事。良質な情報を得るという意味では映画や旅行でも良いと思うが、僕は本が好きなので、できるだけ良い本をたくさん読むようにしている。そこだけ取り出すと時間を失うように見えるかもしれないが、**結局はそのインプットを消化して良質なアウトプットをすることが**

仕事の質を上げるので、長い目で見れば効率的だということになる。

5 「いつまでにやる」を「いつやる」に変える

タスク管理については第2章でも述べたが、ここでは「集中する」の観点からもう少し踏み込んで説明していこう。

やるべきことをノートに書き出すまではやっている人が多いのだが、そのあとやりがちな間違いは大きく2つある。1つはタスクに優先順位をつけること、もう1つはタスクに期限を設定してそれに従って作業をすること、だ。

優先順位を設定するのは、良さそうなアイディアに思える。実際、僕もサラリーマン時代を含めてかなり長い期間、それを試してきた。だが、優先順位の低いタスクも結局は期限までにやらなければいけないのであれば、優先順位に何の意味があるのだろうか。優先順位が低いものは「やれたらやる」という意味？　だったら最初からやらなければ良い。「時間が余ったらやる」のか？　きっといつまでもやらないだろう。

　タスクを、優先順位と緊急度とのマトリックスにしてみたこともある。「優先だが緊急ではない」などの４つの象限（しょうげん）に分割したそれ専用の紙を用意して机に置いておき、フセンを張り替えていく仕組みだ。これならうまくいくような気がして、ちょっとワクワクした。だが、それはすぐに機能しないことがわかった。緊急だが優先順位が低いものと、緊急ではないが優先順が高いものがあったら、今やるべきはどちらだろうか。もちろん緊急度が高いほうだ。結局、ずっと緊急度が高いものしかやらないことになる。

タスクはやるかやらないかだ。いつかやるのであれば、優先順位の低いタスクなんてない。ならば、優先順位に意味はない。


タスクに期限を設定することのほうは、それの何が悪いのか、と思うだろう。当然、期限を確認することは必要だ。実際に僕もノートに書くときに期限も書く。なお本書ではタスクという言葉で統一しているが、ToDo（やること）とタスクの違いは、明確な期限が決まっているかどうかだ。期限付きのToDoを、一般的にはタスクと呼ぶ。だが、これはまだ不完全な定義だと僕は思っていて、「いつやるか」が決まっているものがタスクだと考えている。つまり、ToDoのスケジュール化だ。

「いつまでにやれば良いか」と考えていると、１週間先や１カ月先に期限のあるタスクのことを常に意識していないといけない。1つや2つなら良いが、これがたくさん積み重なると、精神的な負担は相当なものになる。「あれもやらなくてはいけないけれどまだ〆切まで1カ月あるし、こっちは1週間以内だから、まずは明日〆切のこれか……」というように、頭の中が複数のタスクの進捗で占領されてしまう。

別にそれくらいは……と思うことが積み重なって、脳のパフォーマンスは落ちる。脳に余計な負荷をかけずに、できるだけ目の前のタスクに集中するためには、**「いつまでにやる」ではなくて「いつやる」でタスクを管理するのが良い。** 1週間後に〆切のタスクを1週間後に1日でやるでも良いし、明日やるでも良い。できれば時間まで決めてスケジュールにしてしまうと、その時間まではそのタスクのことを考えなくて良いので、脳のリソースが解放される。

「これは明日の自分に依頼済。明日の自分がやるから、もう（今日の）自分はやらなくて良い」というくらいの感覚だ。

2章でお伝えしたように、僕はタスクリストにタスクを記載するときは、タスク名と実行予定日だけ（あとはメモとして〆切を記入することはある）を入力する。そして、ある時期にタスクが集中していると感じたら、〆切を参考にしながら適宜タスクをバラけさせていく。「いつまでにやるか」ではなく「いつやるか」だけを意識していると、今日やることだけに集中できるので、楽になる。

忙しいと感じる原因は、〆切に追われていながら手が回っていない感覚、つまり「あれもやらなきゃ、これもやらなきゃ」だ。全てのタスクを「いつやるか」決めて、目の前のことに集中しよう。

6 ハイライトを設定する

ハイライトという言葉は、『時間術大全（ジェイク・ナップ、ジョン・ゼラツキー、ダイヤモンド社）』に出てくる。先ほどご紹介した『神・時間術』と並んで、心からおすすめできる時間術の本だ。『ＳＰＲＩＮＴ 最速仕事術（ジェイク・ナップ、ジョン・ゼラツキー、ブレイデン・コウィッツ、ダイヤモンド社）』という手法を生み出したエンジニア・デザイナーが書いた名著だ。

ＧｏｏｇｌｅやＹｏｕＴｕｂｅで大きな業績を挙げたテクノロジー大好き（ギーク）な著者達が、「いかにスマホの支配から逃れるか」といった工夫をふんだんに盛り込んでおり、とても参考になるのでぜひ読んでほしい。とにかく、頭の良い人が書いた本というのは読んでいて面白い。

それはともかく、ハイライトの話だ。あなたは既に、今日やることをフセンに書き出しているはずだ。30分程度のタスクを5~6個。それくらいが1日に処理するタスクとしては適切だ。欲張っても、積み残ってストレスになるだけで、よいことは何もない。全部終わったら、未来のタスクから持ってきて追加すれば良いだけの話だ。

その5~6個の中から、**その日の最重要なタスクを1つ選んで印をつける。それがハイライトだ。**ハイライトは仕事である必要はなく、プライベートのタスクであっても良い。そもそも、仕事とプライベートを分ける必要はない。どちらであってもやるべきことは、やるのだから。**そのハイライトだけは、必ずその日のうちにやり切ると決めること。**逆に言うとハイライトさえ完了すれば、その日はもう遊びに行っても良い。

ハイライト設定のコツとしては、今日〆切の作業は選ばないことだ。〆切の作業はハイライトにするまでもなくどうせやるので、まだ〆切が少し先のタスクや、〆切のないものを選ぶと良い。緊急ではないが重要、ということだ。その日のタスクでピンと来るものがなければ、先の日付のタスクから引っ張ってきても良い。大きめのタスクを1日にどれか1つだけ、やっつける。

やってみるとわかるが、1日1つずつハイライトとして設定したタスクを実行していくだけで、大きな達成感を得られる。自己肯定感が上がり、そのあとの作業も気持ちよく取り組める。気がつけばタスクをどんどん前倒しできて、1カ月先までの〆切がある作業が全て終わっている、という状態になったりもする。

やってみたら、その破壊力に気づくだろうし、長く続ければ大きな効果が出ることは保証するので、ぜひトライしてみて欲しい。

7 理想の１日を計画する

ここまでにお伝えしたことを踏まえて、僕の１週間・１日のスケジュールはこうなった。まずは曜日ごとに意味を持たせる。日曜・月曜・木曜は人と会う予定を入れないようにしている。日曜はファミリーデー、月曜はクリエイティブデー、木曜はコンテンツデーだ。

簡単に説明しておく。

日曜日は家族と過ごすファミリーデー。家族サービスという言葉は好きではないが、起業してからは意識しないとつい仕事に夢中になって、家族と共に過ごす時間がなくなってしまう。無制限に仕事をしてしまうので健康面への配慮からも、日曜だけは休もうという自制の意味もある。できるだけ家族でどこかに遊びに行ったり、外食をするようにしていたが、今は子供達が高校生・中学生になった。部活に塾にと忙しく、めったに親とは遊んでくれなくなった。そのため（少し寂しいが）、日曜は集中して読書をするなど「インプットデー」に変わりつつある。

月曜日はクリエイティブデー。新しいことを考える日だ。起業をすると、いつでもクリエイティブなことができると思うかもしれないが、実際には大部分の時間はルーチンワークをしている。僕の場合は、ＳＮＳやブログ、メルマガなどの情報発信にかかる時間が多い。イベントやセミナーの準備もしなくてはならない。気づくと作業に追われて何も新しいことをしなくなるのは、実は起業家あるあるだ。収入の大部分はルーチンワークから生み出されるからなのだが、新しいことをしなくなるとビジネスは停滞する。そんな袋小路に入ることを避けるべく、月曜はルーチンから解放されて次の展開などを考える日にしている。後述の一人合宿も、月曜の午前中に実施する。

木曜日はコンテンツデー。手を動かしてモノをつくる日だ。モノと言っても僕の場合はセミナーや講座、またはビジネスの仕組みのこと。これもルーチンに追われながらだと、なかなかクオリティの高いモノをつくれないし、先延ばしとなって作業も滞りがちだ。そういう、ある程度時間がかかったり、集中が必要な作業を一気に片付ける日だ。逆に言うと、この日があるから他の日は安心してルーチンワークに集中できる。今週中が〆切という作業があっても、木曜に時間を確保してあるから慌てなくて良い。クリエイティブにしろコンテンツにしろ、他に予定がない日に集中して取り組めるに越したことはない。ぜいたくな時間の使い方だ。

残りの火水金土の4日間でルーチンワーク、つまり世間一般でいう「仕事」をするわけだが、その4日間も9：00～15：00はブロックしている。人と会う予定は入れない。では、その時間に何をするかというと、特に集中が必要なタスク、典型的には執筆だ。本を書いている期間はこの時間を全投入して、だいたい1カ月で1冊の本を書き上げる。僕は特に書くのが早いほうではないが、1日4000～8000文字くらいのペースで、ビジネス書なら6～10万文字というところなので、1カ月で十分に書ける計算になる。理論上は年12冊の本が書けることになるが、心地良いペースは年2～3冊、少し頑張って4冊というところだろう。

したがって、執筆がない期間もかなりある。そんなときはビジネスの仕組みを整えたり、大きめのプロジェクトに関する優先業務を進めるのに、この時間を充てている。朝は1日でもっとも集中できる時間なので、優先的なタスクを割り当てる。執筆があるときは、執筆がそれに該当するということだ。なお、13：00を過ぎてからランチに行き、そのあとは運動のためジムに行くことになっている。ランチは12：00～13：00は混むので避けているということで、ジムのほうはわりとサボってしまう。毎日ジムに行ければ、本当の意味で「理想の1日」になるのだけれど。

火水金土の残り時間、つまり15：00以降で情報発信、セッション、イベント、アポ、読書、映画、学習などのルーチンをやっていく。セッションやイベントもちゃんと集中してやっているので、これらをルーチンと言ってしまうと失礼だが、執筆などの集中作業とは頭の使い方が違うという意味なので、関係者各位にはご容赦願いたい。決して、適当にやっているという意味ではない。

僕はお酒が好きではないし、人が大勢いる場所も好きではないので、飲みに行くことはほとんどない。人に会うときも、できるだけお茶かランチに行くことにしている。シンプルに、お酒を飲まないから時間があるんじゃないか、と思うこともある。忙しいと感じている人はみんな、お酒を飲みすぎなのかもしれない。

それはともかく、これが僕の理想の時間の使い方であり、今はほぼ（ジムになかなか行けないこと以外は）この通りに生きられている。時間割に従うだけで堅苦しいと感じたかもしれないが、あくまでこれは予定なので、いくらでも変更ができる。いつでも休めるし、旅行にだって行ける。**「今から何をしようかな」といつも考えているのはムダなので、特に事情がなければ決まったことをするのがもっとも効率が良い**ということだ。ちなみに現状だと、2週間の旅行ならいつでも行けるという感覚だ。いずれはこれを、3カ月間くらいまで伸ばしたい。

「自分はサラリーマンだから、主婦だからここまではできない」と思ったかもしれないが、今すぐできることもあるだろうし、理想を描いてそれに近づいていくのは大切なことだ。あなたにとっての理想の時間の使い方は、どうだろうか。ぜひノートに書いて、具体的にイメージしてみて欲しい。

8 一人合宿で頭の中を整理する

先ほどもお伝えしたが、僕は月曜の午前中はたいがいいつも、カフェで一人合宿をしている。一人合宿のやり方については『自分を変えるノート術（安田修、明日香出版社）』という本に詳しく書いたが、**ノートとペンだけを持ってカフェに行き、ひたすら書いて考えるということだ。**やってみるとわかるがとても楽しいし、頭の中がすっきりと整理される。新しいアイディアが出てやるべきことが明確になり、行動しようという気にもなる。

なぜ月曜の午前中なのかというと、やっぱり月曜の朝はいきなり仕事をするにはちょっとダルいからだ。というのは半分冗談で、1

週間の準備をするのに月曜の朝が最適だからでもある。日曜に読書をしてインプットした情報を、ノートにアウトプットする。まだリラックスしているし、もっとも新しいアイディアが出やすい時間帯だと思う。

ノートの書き方には、堅苦しいルールは何もない。日時とテーマを書いたら、あとは思いつくことをどんどん箇条書きにしていく。ペンは黒１色で構わないし、きれいに書く必要もない。できるだけ大きなノートを使って、１ページを埋めるべく大量に書く。誰かに見られることを恐れずに、「見られたら終わり」という感覚で赤裸々（せきらら）に書くことが多くのアイディアを出すためのコツだ。

タスクの整理や、このあとに説明するＰＤＣＡなども一人合宿のテーマの１つに過ぎない。気になっていること、どんな生き方をしたいか、新しい商品やセミナーについて、プレゼンの準備、夢や目標……テーマはなんでも構わない。**とにかく、書きたいと思うことは全て書こう。本当に、それだけで人生が変わる。**

毎週月曜の一人合宿を、「週次のＰＤＣＡを回している」と説明することもある。ＰＤＣＡとはPlan-Do-Check-Actionの略で、計画を立てて実際に行動をして、それを振り返って改善した次の計画を立てる、というのがＰＤＣＡサイクルだ。これを1週間で回していく。そうすると、どんどん良質な行動が積み重なって、当然のように良い結果が出るようになる。会社で働いている人には、何らかのこういう仕組みがあるはずだ。仕事では普通に使っている仕組みであっても、自分の人生に活用する人はとても少ない。起業をするとおざなりになったりしがちなので、ＰＤＣＡを意識してみるとだいぶ変わる。

ちなみに僕は、年に2～3回は1週間程度の「大（一人）合宿」をしているし、月初原則1日には月次の一人合宿もやっている。年次・月次・週次のＰＤＣＡを回しているということになる。「時間がもったいない」と感じるかもしれないが、決してそんなことはない。むしろ僕は、一人合宿をして考えているときこそが、もっとも高い付加価値を生み出していて、もっとも時間効率が高いとすら思っている。**時間を投資して、お金や時間を増やすための大きな気づきを得る。それが一人合宿だ。**

第4章

「やらない」時間術

1 やらないことを決める

さて、いよいよ本書のテーマである「やらない」時間術について書いていこう。何をやらないかは、何をやるかと同じくらい重要だ。**やらないことを決めれば、やることが明確になる。**これについては、投資の神様ウォーレン・バフェットが言ったとされる（本人は「そんなこと言ったっけ?」という反応らしい）次の話がもっともわかりやすい。

ある男がバフェットに、「あなたのように人生で成功するためには、どうしたら良いでしょうか」と尋ねた。それに対して、バフェットはこう答えた。「まず、あなたの人生でやりたいことや、やるべきこと、優先度の高いことを25個、書き出しなさい。それができたら、その中から、絶対にやりたいことを５つ選んで印をつけなさい」と。

男は「なるほど、わかりました。ではこの５つを最優先として、残りの20個を次の優先順位でやるんですね？」。答えるとバフェットは「いや、それは違う。残り20個は絶対にやってはいけない。その20個はやらないと決めて、最重要な５つのことだけをやりなさい」と。いやあ、秀逸。本当にご本人の発言なのかはわからないが、いかにもバフェットらしい話だ。

僕が本書を通じて伝えたいこともまさにこれで、「もっともやりたいこと」を妨げるのは、やってもやらなくても良い「どうでも良いこと」ではない。もちろんテレビやスマホなど、ムダに近い時間はある程度はあるが、そんなことはみんなわかっていて。それよりも、あなたにとって「それなりに重要なこと」こそが大きな時間を奪っていくのだ。

つまり**「やらない」時間術とは、それなりに重要なことをやらないと決めることで膨大な時間を生み出す時間術だ。**これは、あなたにとって本当に何が重要なのかを決める、ということを意味する。痛みも伴うし、迷うこともあるだろう。それでも本当に時間を生み出してやりたいことをやりたければ、今、この問題に取り組むべきだ。

本質について書いた本が売れないのは重々承知しているが、それでも、どうしてもこのことを伝えたい。

まずは、先ほどの「バフェットの課題」に取り組んでみて欲しい。あなたの人生でやりたいことは何か。その中で、本当にやりたいことはどれか。そしてそれは、他のそれなりにやりたいことをやめてでも、達成したいと思えるほど重要なことだろうか。

2 僕がやらないと決めたこと

自分の話で恐縮だが、参考になることもあろうかと思うので、お伝えしておく。起業をするときに、僕がやらないと決めたことが5つある。

- ●個別・無料で人に会う
- ●繰り返しの作業
- ●睡眠時間・食事時間を削る

●大口顧客をつくる
●時間の切り売り

まず「個別・無料で人に会う」だが、これはビジネスをするうえでは避けては通れない。もちろんビジネスパートナーや友人とは個別・無料で会うこともあるのだが、ここで言っているのは、いわゆる「見込客」に限ったことだ。ビジネスをしていると、交流会で知り合った人やネット経由で知り合った人から、

「情報交換をしましょう」
「ビジネスの先輩である安田さんのお話を聞かせて欲しい」
「1on1をしましょう」
「まずは、お茶でもしませんか」

「軽く飲みに行きませんか」

といった誘いが非常に多い。だが僕はこういう話を、基本的には全て断るようにしている。そこからビジネスにつながることは確かにあるので決してムダではないが、きちんと設計された経路で人と会うことと比べると、効率が悪すぎるのだ。

だから僕は、人と会うときは有料のセッションか、1対複数のイベントで会うことにしている。「会いたい」と言われたら「イベントをやっているので、いつでも来て下さい」と答える。個別・無料という意味ではセミナー後の個別相談というケースはあるが、それは設計された経路なので問題ない。

「繰り返しの作業」は、ゼロにはできない。ただ僕らが「仕事」と呼んで過ごしている時間のうち、単純作業の繰り返しに費やしている時間は実は膨大だ。スプレッドシートへの入力や編集。メールに書く定型の挨拶文。セールスや部下への説明で同じことを繰り返す。経費処理や日報なども、繰り返しと言えばそうだろう。そして定例の会議や朝礼……。

しかし今はこれらは、ほぼ全てが僕の手を離れている。スプレッドシートに繰り返し入力・編集するような処理はマクロかプログラムにしているし、定型文はパソコンやスマホの辞書機能に登録している。「おせ」と2文字入力すると「お世話になります。シナジーブレイン、安田です。」と変換される。「めーる」と打つと「yasuda@fra-sco.co.jp」が表示される。この程度の文章を入力するのは大した手間ではないと感じるかもしれないが、積み重なると膨大な時間になる。

同じことを3回話すような場面では、動画を活用する。報告を要する相手もいないし、会議もない。人は雇っていないが、繰り返しの作業はマニュアル化して外注する。

確かにサラリーマン時代は、完全には避けられないものもあった。それでもマクロや辞書機能などは活用したら良いし、上司や同僚の理解を得れば効率化できる部分はかなりあるはずだ。

「睡眠時間・食事時間を削る」ことは、絶対にやってはいけない。サラリーマン時代はどこか誇らしげに「忙しいのでランチは行きません」とか「3時間しか寝てません」と言って仕事ができている気になっていたが、今思うとマイナスでしかない。健康に悪いのはもちろんだが、脳のパフォーマンスが落ちて仕事の効率自体が下がるのでミスが増え、誰のプラスにもなっていない。

今では毎日7時間以上の睡眠は必ず確保しているし、食事も時間はずらすことがあるが、行かないことはまずない。そもそも睡眠や食事の時間がないくらいに追い込まれた時点で負けなのだが、もしそうとしか思えない状況になったとしても、優先順位は睡眠や食事が上だ。

「大口顧客をつくる」は少しわかりにくいと思うが、これは時間術というよりはビジネスの安定感の問題だ。大口顧客はありがたいと思うかもしれないが、その1社に依存する度合いが高くなりすぎるので、切られたら終わりというリスクが高すぎる。言われたことを何でもしなくてはならなくなり、結果として時間も失うことになる。なので、顧客は小口で分散する仕組みをつくろうと意識している。

「時間の切り売り」は、より正確に言うと「目先のお金欲しさに、低い単価で安易に時間を切り売りすること」をしないということだ。起業したばかりの頃は仕事もなく、どんな仕事でもやらせてもらいたいという気持ちになるものだが、それをぐっとこらえた。起業当初でも1時間1万円、今では1時間10万円を下回る単価では、やらないと決めている。自社で提供する全ての商品・サービスはその単価を超えるリターンが得られるように設計している。

ただ、これは原則であって、絶対のルールではない。関係性が深い人からの依頼だとか良い経験になる、先につながると思えば低単価でも、むしろ無償でも仕事を引き受けることはある。気乗りはしないけれど時間はあるし、３万円もらえるならやっておくか……という安易な判断をしないように心がけているということだ。

3 くよくよ悩まない

起業の相談を受けていると、ずっと同じことで悩んでいる人がいる。「情報発信をしようと思うんですけど、Xとインスタグラムとどっちが良いでしょうか」と。それ3カ月前から言ってますよね、みたいな。

どちらのSNSにも特徴があって、いわば一長一短だ。ターゲットとする層によってはどちらが合っている、という面はある。僕が両方の特徴を説明して、ターゲットやその人の強みなどをヒアリングして、「だったらXが良いですよ」とまではっきりお勧めしているのに、なお、

「もう少し調べてみます」

で、いつも話が終わる。「いや、やらないんかい！」と思ってしまう。これは行動に対するメンタルブロック（変化が怖い、失敗が恥ずかしいなど）という要素も多く含むけれど、ここではそれではなくて、完全な情報を集めないと決められないという思い込みについて取り上げる。

確かに、意思決定をするためには一定の情報は必要だ。だが完全な情報というのは存在しないので、それを待っていたら、いつまでも決められないことになる。考えることと悩むことは違う。3カ月もの長い間、1つのことを決められないなら、悩んでいるだけで考えていないということになる。

何か決めたいことがあれば、ノートに書いて考えれば良い。A案とB案を並べてメリット・デメリットを比較し、決められるのであれば、すぐ決める。すぐに決められないのであれば、不足している情報は何かと、いつまでに決めれば良いかを、書いて明確にする。その情報を集めてもう一度ノートに書けば、決められるはずだ。つまり大概のことは、2回ノートに書いて考えれば決められる。

僕は比較的重大な決断をするときには、ノートに書いて考える時間を確保するが、それは「これ以上は考えても仕方ない」という確信を得るためだ。チェスや将棋でも、直観に従って打った手と熟考の末に打った手に大差がないことは知られているが、それでも思いつきで行動して失敗すると後悔してしまうので、一度熟考して「あとはやってみるしかない」と諦めるための時間、という感覚だ。1つのことをどんなに熟考したとしても、3時間もあれば十分だろう。そして、せいぜい冷静になるためにひと晩寝かせる。それ以上は考えているのではなく、悩んだり迷ったりしているだけだ。**くよくよ悩んでいるのは時間のムダ。さっさと考えて、決めよう。**

4 友達を増やさない、良い人をやめる

いろいろ書いてきたのだが、僕と他の人の時間の使い方を比べた時に、圧倒的な差があるのは実はこの部分だと思う。僕は友達が多くないし、お付き合いに時間を使うことがほとんどない。**友達を減らして良い人をやめ、お付き合いをなくせば時間はいくらでも余る。**

「そんなの幸せじゃない！　だったら私は時間よりも友達が多いほうがいい！」と、きっとあなたは思ったことだろう。つまり、そういうことなのだ。あなたは自由な時間を確保することよりも、友達

とのお付き合いで予定を埋めることを選んで生きている。**自分が本当にやりたいことをする「自分の時間」よりも、周りと一緒のことをしてみんなに好かれる「他人の時間」を生きることを選んでいる。**

僕も学生時代やサラリーマン時代にはそれも生存戦略だと思っていたし、当然でかつ仕方ないことだとさして疑問にも思わなかったのだが、起業をしてから「友達の数」にはあまり意味がないことに気がついた。「良い人」と思われていることにも、あまり意味がない。それらは、ビジネスの結果とほとんど相関がないどころか、負の相関すらあるように思われた。友達が多くて良い人、という風に思われている（し、セルフイメージもある）人のほうが、どうやらビジネスでは苦戦をするようなのだ。

友達が多いことや良い人であること自体が悪いわけでなく、その副作用みたいなものだろう。周りの目を気にしすぎて、お金を受け取る恐怖（メンタルブロック）が高くなる傾向にある。人と仲良くはなるが、商品を売ることができない。提案ができない。お金を受け取れない。ＳＮＳにイベントの告知文を書こうとしても、友達の目が気になりすぎて情報発信が止まる。単価を上げたら嫌われるかもしれない。人と違ったことをしたら叩かれるかもしれない……。

あなたが起業家ではなくてサラリーマンや主婦であったとしても、みんなに好かれていようと思えば疲れるし、時間的なコストがかかりすぎる。幼稚園とか小学校、せいぜい高校生まではその戦略は妥当と言えるかもしれないが、大人になったら友達を増やす必要はほとんどない。万人受けする必要はないのだ。だが、そのことに気が付かず、古い戦略を続けている人がほとんどだ。

僕は決して、人から嫌われろと言っているわけではない。家族や親しい友人の存在はありがたいものだし、敵は少ないに越したことはない。ただ、人はあなたにそこまで興味がないから、実際にはお付き合いを減らしたところで、さほど敵が増えるわけではない。いつも一緒にいないと嫌われる、というのは思い込みだ。

僕は飲み会のお誘いはほとんど断るが、それによってみんなに嫌われているかというと、そうでもない（自覚がないだけかもしれないが）。「安田はそういうやつなんだな」と思われるだけで、実害はない。変わっているな、と思われるくらいで膨大な時間が生まれるなら、僕は迷わずそちらを選ぶ。たまに飲み会に参加したら、みんな驚いてちやほやしてくれるから、お得な感じすらしている。

5 電話、メール、ＬＩＮＥ、メッセンジャーをすぐ返さない

あなたはこれらの連絡手段を、なんとなく使っていないだろうか。朝から晩まで、食事中でさえもずっとＬＩＮＥに夢中になっている人が多いが、心身に与える悪影響も深刻だろうし、一日中ほとんどそれしかしていないのではないかと心配になってしまう。また、短い打ち合わせの間に何度も電話がかかってくる人もいる。その都度「ちょっとすいません」と言って電話に出るのだが、「えっ、出るんだ⁉」と驚いてしまう。

常に電話やＬＩＮＥが最優先という認識で脳が待機しているわけで、そんな状態だと、何かまとまったことを考えることは不可能だ

ろう。30分でもスマホがないと不安で仕方ないはずだ。完全に、スマホに支配されて生きている。

僕は電話にはほぼ出ないし（！）、ＬＩＮＥもほとんど連絡用には使わない。メールとメッセンジャーが主な連絡手段なのだが、それも執筆などに集中して作業をするときは遮断している。スマホを持ち込まずにカフェで作業をしたり、スクリーンタイムというのを設定して通知が来ないようにしている。通知が来ればすぐに返したくなるから、そもそも通知が来ない・見ないようにしているのだ。

会社勤めなら電話に出ないということはなかなか許されないかもしれないが、集中が必要な時間帯は会議室にこもって作業をしたり、電話に出ない時間帯を宣言したりして周囲の協力を得るなど、工夫の余地はあるはずだ。

他の時間術の本を読むと、「メールの確認を１日２回にしよう」などと書いてあるが、これはやろうとしてもできていない。朝一番に返信しないほうが良いのは同意だが、今はスマホがあるし、電車での移動中などについ見て反応してしまう。ランチタイムやちょっとした外出の際にスマホを持たないようにするなど、少しずつスマホに支配される時間を減らしてはいるが、まだまだ未完成だ。

ちなみに、スマホ支配から逃れるために意外に役に立っているツールがある。ＡｐｐｌｅＷａｔｃｈだ。より強く支配されるのでは、というイメージがあるかもしれないが、これがあることでＳｕｉｃａなどの決済手段を持ち歩いていることになり、改札も通れるし、買い物もできる。スマホがなくても困らない場面が増えた。そして何よりこれがあると、スマホがなくても時間がわかるから安心だ（笑）。

6 上司や顧客からの依頼を「断る」

まず注意して欲しいのだが、これを真に受けて上司の依頼を全部断ったら、あなたのキャリアは絶望的なものになるし、クビになるかもしれない。顧客の依頼を全て断れば、生活は成り立たないだろう。だからこれは決して、人からの依頼を何でもかんでも断れという意味ではない。

上司や顧客はそれほど熟慮して依頼をしてくるわけではないから、それをそのまま受ける習慣を変えると良いよ、という話だ。先方はなぜそれを依頼してきたのか、本当に求めているものは何だろうかと考えて、逆にこちらから提案をすると作業は減り、時間が生まれる。

会議や打ち合わせも、上司から「念のためあなたも出ておいて」と言われることもあるが、議事録を見たり出席者から要点を聞いておけば済むことも多い。「ちょっと余裕がないので出れません」と言ってみたら、じゃあ出なくても大丈夫、となることもある。議事録を若手が時間をかけてつくっているならその効率を疑ったほうが良いし、そもそも必要性が怪しい会議も多い。

顧客との打ち合わせも同様だ。一度は顔合わせをしたほうが良いとは思うが、そのあとはわざわざ打ち合わせをしなくても、ちょっとしたメッセージのやり取りで済むことも多い。今はＳｌａｃｋなどのツールを導入している企業も多いと思うが、そういったツールを導入することで楽になるケースもあるだろう。

あなたが新入社員なら何かを提案しても、「まずは言われたことをやりなさい」となる可能性が高いが、少しずつ上や周りに働きかけて、効率化を進めていくことだ。いつまでもがむしゃらに与えられたことをこなしているだけより、そのほうが評価もされるはずだ。**常に効率のことを考えて、ムダなことは思い切ってやめよう。**

7 全てを自分でやらない

できるならば効果が大きいと思うので書いてはいるものの、人に任せることについては正直、僕は得意ではない。マネジメントには興味がないし、なんでも自分でやったほうが早いと感じてしまう。

人を使うよりも、システムで解決する方法がいつも先に思い浮かぶ。サラリーマン時代は人の使い方がうまい人をたくさん見てきたし、スタートアップの経営者も自ら猛烈に仕事をしながらも、勇気を持って明らかに自分より優秀ではない社員に仕事を任せていて、感心する。そうせざるを得ないという面はあるだろうけれども。

経営者はみんな「優秀な人が採用できない」「従業員のモチベーションが下がっている」「育てた部下が辞めていく」と嘆いている。そういうリスクをとって、高い人件費を支払ってでもそこまでビジネスの規模を大きくしたいという気持ちが、僕にはあまりわからない。そこまで利益が増えない割に、ビジネスのリスクや社長の悩みが増えているようにも見えるのだが。

僕は事業規模よりも自由を重視しているので、基本的に人を雇わないでビジネスをやっている。税理士、弁護士、システム、デザイン、広告運用といった各種専門家には、必要なタイミングでお金を支払って依頼をする。なんでも一度は自分でやってみて、手順やその大変さを理解してから外注する主義だ。そうすることで、ポイントを絞り込んで発注できるのでコストも抑えられる。

繰り返しの作業でシステムに向かないものは、マニュアル化して外注している。判断が必要なものを依頼するには社員がいると良いのかな、と思うときもあるが、よく考えると複雑に見えるものもかなりの部分、マニュアル化できる。複雑なタスクを複雑なまま渡して、それを正しく解けるくらいまで社員が成長する喜び、というのも今後は求めていくのも良いのかなと思っているところだ。

ちなみに僕にもサラリーマン時代は部下もいたし、プロジェクトをマネジメントする立場にいたこともあった。上司の立場も部下の立場もたくさん経験して、酸いも甘いも一通りは経験したうえで、「マネジメントには興味がない」と言っている。タスクに「担当者」の名前が入ることと心情面を除けば、社員や部下がいても時間術にはそこまで大きな違いはない。チームがもっとも効率よくタスクをこなせる環境を、整えることにエネルギーを割けば良い。

もしあなたがマネジメントをやったことがないなら、経験してみるのも良いだろう。思わぬ才能が、発見できるかもしれない。

8 目的の明確でない努力をやめる

僕はサラリーマン時代、「忙しい、忙しい」と言いながらたくさんの資格を取得した。中小企業診断士、証券アナリスト、ＡＦＰ、ソフトウェア開発技術者、日商簿記2級、TOEIC800点、この他にもシステム系と金融系の資格をいくつも……。ではそれが会社員として役に立ったか、あるいは起業してから役に立ったかと問われれば、かなり怪しい。

客観的に見ると僕の評価は、「資格の勉強は頑張っているが、仕事はそれなり」みたいな感じだっただろう。いずれ起業すると決めているから会社の評価はどうでも良い、と言ってしまえばかっこいいが、起業してからも資格がさほど活きていないとなると、また話が変わってくる。今となっては、資格の勉強はほぼ、趣味みたいなものだったような気もする。

当時の僕は、目的が明確ではなかった。なんとなく仕事を頑張り、資格取得も頑張っていた。やって損はないだろう、いずれどこかで役に立つこともあるだろう。どっちに転んでもムダにはならないはずだ。その程度の感覚だった。若手の頃、20代前半くらいはそれでも良いが、いつまでもその感覚を引きずってしまったのは効率が悪かった。

仕事に関しても、そうだ。資料作成ひとつをとってみても、その資料のクオリティを高めるために夜遅くまで残業していた。顧客にプレゼンする資料ではない。社内の意思決定だとか、ましてや上司への説明にしか使わない資料であっても常に１００点を目指していた。それが評価され、優秀だと認められて出世する……そんなイメージがあればまだ良いが、それすらないまま、ただ、やっていた。仕事とはそういうものだと思い込んでいた。

社会人としてある程度の経験を積んだら、そういう目的の明確でない努力をやめよう。社内の資料は80点で良いし、60点でも良いかもしれない。ゴールを上司（この場合、上司が顧客だ）に確認して、効率的にぎりぎりの合格を目指そう。いきなりパソコンに向かって資料をつくるのは効率も悪いので、まずはざっと手書きでイメージをつくる。できれば手書きの段階で一度見せて、イメージを共有化すると効率的だ。

資格試験も同じ。どうしても必要な資格は効率的に、ぎりぎりかつ確実に合格して次に進もう。起業に関して言えば、必要な資格というのはほとんどない。数々の資格を取った僕が言うのだから、間違いない。ごく一部の、本当に必要な資格は必要なタイミングで取れば良い。それすら、資格を持っている人と組むだけで解決されることもある。いつかどこかで役に立つかもしれない、という考え方で難関資格に挑むのは、効率が悪いので避けたほうが賢明だ。資格の勉強は慣れてくると楽しいので、趣味として割り切るならば悪くはないが。

僕のところに相談に来る人の中には、「頼まれたことは全部やる」という考え方の人がいる。起業家のコミュニティで役員を依頼されるとつい受けてしまい、それでいつも忙しくなっている。イベントにも誰かに誘われれば行くし、単価が低くても知り合いに頼まれた仕事ならやる、と。これは前述の「良い人をやめる」にも関係するのだが、もう一つ「成長への過剰な期待」というのがあるのではないかと考えている。

僕から見ると、そんなことをやっても儲からなさそうだし、あまり将来につながる感じもしない。かといって楽しんでいるわけでもない。「じゃあ、なんのためにそんなことをしているんですか」と質問すると、返ってくる答えはこれだ。「これも良い経験だし、成長できると思って」。

確かにスティーブ・ジョブズの「コネクティングドット」の話は有名だ。念のために説明をしておくと、ジョブズは学生時代、カリグラフィーという「字を、いかにかっこよく書くか」という授業になぜか興味があり、熱心に学んでいた。そのときはそれが何の役に立つのかはわからなかったが、のちにAppleのマッキントッシュというパソコンが多数のフォントを持つことになったという話。ムダな経験はないからいろいろなことをやっておけ、ということになる。

ただこのエピソードでジョブズが伝えたかったのは、「とにかくいろいろなことに手を出せ」ということではなく、「目の前の興味があることに没頭せよ」という意味だと思っている。確かに、ムダな経験というのはない。15年のサラリーマン時代を振り返っても全ての経験が今の僕の血肉になっているというのは間違いないが、それはそのときそのとき、目の前の仕事に没頭していたからだと思う。

だから、目の前の成果に直結する行動を避けていろいろなことに手を広げるのは、本末転倒だ。今やるべきことに、没頭すべきだ。それが結果的には成長するための最短ルートだ。成長に過剰な期待をして手を広げることは、ときに成果の最大の敵になる。**目的に直結する「やるべきこと」に、没頭しよう。**

第5章

時間の使い方は、生き方そのもの

1 やりたいことをやる

「詰め込む」「集中する」「やらない」3つの時間術によって、自由に使える時間は大量に生まれる。その生まれた時間に何をするのか。これが大切だ。空いた時間をまた新たな仕事で埋めてしまえば、金銭的には多少は豊かになるかもしれないが、忙しさは何も変わらない。ではその時間を、何に使うのが良いのだろうか。

残念ながら、この問いには正解はない。あなたの価値観に従って、もっともやりたいことをやれば良いということでしかない。仕事がやりたければやって良いし、趣味に没頭する、旅行に行く、家族や友人と過ごす、遊ぶ、ぼ～っとする。何でもありだ。

ただ、「何でもやって良い」と言われると人は戸惑う。実際、ほとんどの人は自分が本当にやりたいことがわからないから、毎日忙しい状態であるほうが楽だと考える。だから時間術を知っても、やらない。まさに、「やらない時間術」だ。つまり僕が「忙しいほうが好きなのでは？」という問いを立てたのは、こういうことだ。

自分が何をしたいのか。これを知る方法は、大きく分けて２つある。それは、**書いて考えることと、経験を増やすこと。**つまり内面に向かう方法と、外の世界に向かう方法だ。

まずは書いて考える方法だが、僕は内向的な性格なので、ノートに書いて考えることが性に合っている。一人合宿だ。「やりたいこと」というテーマで何度も書き出す。「夢１００リスト」とか「棺桶リスト」と呼ばれる方法だ。夢というと大げさだが、行きたい国とか食べたいもの、欲しい時計などの俗な内容で構わないから、とにかくたくさん書き出す。これが、最初はとても100個も書けない。数個書いたらもう、詰まる人もいる。慣れるとたくさん書き出せるようになるので、何度もやってみると良い。たくさん書けるようになったら、その中で生きているうちに必ずやりたい、優先順位が高いものを抽出する。そうすることで、自分の価値観が見えてくる。

僕が20歳の頃に書き出した夢100リストの半分くらいは、気がつけば実現している。例えば、こういうリストだ。

- コンサルタントになる
- 本を出版する
- 会社を経営する

●ラスベガスに行く
●ロレックスの腕時計を買う
●満員電車に乗らなくて良い生活をする
●時間を気にしない生活をする

今の僕から見れば、どれもただ「やれば良い」だけのものばかりなので、実現するのも当然と思えるが、今はまだそうは思えない人も多いのではないだろうか。**想像できることは実現できる、**それだけのことだ。

逆に、実現していないものもあって、

●最年少で部長になる
●自社ビルを持つ

●社員を100人雇用する

こちらのリストには、価値観が変わり、重要ではなくなったものが多い。会社での出世やビジネスのスケールといったことにはもはや、興味がない。それより今は、自由と好奇心の追求に興味がある。

次に経験を増やす方法。僕は北海道の士別という田舎に生まれて、高校生までそこで育った。周りの友達は「学校の先生になりたい」「家の仕事を継ぐ」といって職業を選んでいったが、僕はといえば、「こんなに限られた職業しか見たことがないのに、選べるわけがない」と考えていた。そこで北海道大学経済学部に進んでお金について学び、日本生命保険相互会社に入って金融の世界を通じて世の中を知ろうとした。

起業をしたのも、煎じ詰めると経験を増やすためだ。大企業中心の「表の世界」と、小さな会社が動かす「裏の世界」の両方を知ることで本当のお金の意味が、そして世の中の仕組みがわかると考えた。それは2冊のお金の本として結実し、自分がこの人生でやるべきことも明確になっていった。

「やりたいことが見つからない」というのは、多くの場合は経験の不足が原因だ。僕も自分がやりたいことをまだ完全に理解しているわけではないが、かなり近いところまで来たのではないかという実感がある。仕事でも遊びでも良いが、経験を増やすことは、やりたいことを見つけるためには重要だ。**何となくいろんなことをやるのではなく、できるだけ没頭できることに集中するのが良い。**

2 仮説を立てて実験する

やりたいことが決まったら、目的・目標を決めて戦略的に行動しよう。本当にやりたいことが目的で、その目的に向かう通過点が目標だ。やりたいことをやって生きていたいと思うなら、目的・目標に合ったことに集中して、他をできるだけ「やらない」こと。厳しい言い方をすれば、**目的・目標と関係のない時間の使い方は全てムダ**だとも言える。

例えば、僕は「満員電車に乗らなくて良い生活」をしたい（目的）と考えているのだが、そのためには自分でオンラインを中心としたビジネスを持つ必要がある。会社を辞めるとすれば家族の生活があるので、月100万円は少なくとも稼がないといけない（目標）と考えて、この10年間、その目標に向かってコツコツとビジネスを組み立ててきた。今では満員電車に乗らなくても成り立つビジネスを持つことができた。初心を忘れないように、たまには乗るようにしているけれど……。

「時間を気にしない生活」のほうは、まだ道半ばだ。この本も〆切を意識しながら書いているくらいで。ただ前述の通り、アポを入れない日が週に3日設定できているし、その他の日も午前中にアポを入れないことで、起きる時間を気にしなくて良くはなっている。2週間程度なら、いつでも旅に出ることもできる。

では、何をすれば目的・目標に近づいていけるのか。戦略的に行動しようといっても、正しい戦略が何なのか、自分ではわからないことが多いだろう。

そういうときに役に立つのが、仮説だ。ある行動をすれば、こういう結果が出るのではないかと予想して、やってみることだ。全ては仮説の検証で、実験だという感覚。起業の世界ではよく「大量行動が大切だ」と言われる。実際、とんでもなく大量に行動をすればいずれ成功する可能性は高いし、ほとんど行動ができない人が多いので間違いではないが、正確には「仮説を立てて検証する、ＰＤＣＡを大量に回すことが大切だ」ということだと考えている。

実験の結果はすぐには出ないこともある。１週間・１カ月・１年続けてようやく検証できる仮説もある。それでも、ＰＤＣＡを回し続けることで目的・目標に結局は最短で近づくことができる。

例えばこの本に書いてあることの中で、あなたが「良いな」と感じるものがあったら、期間を決めて実験的に試してみることだ。ただ本を読んでも人生は何も変わらない。行動こそが人生を変えるのだが、「人生を変える行動をしよう」と考えると重たく感じる。**「これは実験だから、うまくいけば儲けものだし、うまくいかなくても何も失うものはない」と考えて、小さく早く、行動を積み重ねていくことが大切だ。**

3 長期的に考える

やりたいことをリストにして目的・目標を決めたら、すぐにそれを実行しよう……と言いたいところだが、ことはそこまでシンプルではない。中にはすぐに実行できるものもある。例えば「親の顔を見に行く」などは次の休みにでも早速実行すれば良い。海外旅行くらいなら、やろうと思えば比較的すぐにできるだろう。世界一周だって、案外できるかもしれない。

だが、時間のかかることもある。会社を経営したいからといって、すぐに今の会社を辞めることはお勧めしない。僕は起業のコンサルタントだから、そうやって「背中を押す」ことをやったほうが自分のビジネスにはなる。だが基本的なスタンスとしては、今すぐ会社を辞めて起業をしたいという人の背中を掴んで止めることが多い。特に、養うべき家族がいるなら、いきなり会社を辞めるべきではない。

人生は一度きりだから、やりたいことはやれば良い。でもそれは、必ずしも今すぐではない。「いつかやる」ではやらないだろうから、「いつやるか」を決めれば良い。起業だったら1年かけて準備するとか。それが5年後でも10年後でも、「いつやるか」を決めていれば良い。そしてその「いつやるか」は、変更しても構わない。タスク管理と同じだ。

長期的な視点を持って、必要な行動を積み上げる。本やセミナーで学び続け、日々の仕事の中でスキルを磨き、社内・社外の評判を高め、時間術を身につける。そういうことも将来に向けての布石になる。**目的・目標から逆算して、今、やるべきことをやる。仮説・検証のサイクルを小さく早く、回し続けよう。**

僕は長期的な行動を計画するとき、3カ月単位で計画すると良いと考えている。新しい商品をつくってリリースするまでがそれくらい、本の企画から執筆までもそれくらい、情報発信の反応などの仮説を検証するのに必要な期間も、ちょうどそれくらいだ。この3カ月単位の計画を「プロジェクト」と呼んでいる。Notionには向こう3カ月の個別のタスクとは別に、3カ月先・6カ月先・9カ月先・12カ月先のプロジェクトが登録されている。大きな単位で認識しておいて、近づいてきたらそれを具体的なタスクに分解すれば良いという感覚だ。

あまり先のことを細々と考えても意味がないし、ストレスになる。大ざっぱに「次の3カ月は、これを学ぼう」「その次の3カ月は、これを仕掛けよう」と考えておくことで方向感を見失わず、大きな目標に向かっていくことができる。

4 自分に投資して、時給を上げる

ここで残酷な事実をお伝えする。本書をここまで読んできたあなたは薄々気づいているかもしれないが、それは、

「人生を安く他人に売り渡していると、自由にはなれない」

ということだ。根本的に自由になるには、生き方を変えなくてはならない。こういう時間術の本は、普通のサラリーマンや主婦の方にも響くように、誰でもできて、すぐに役立つことを書くことが求められる。ベストセラーを目指すなら、そうするしかない。本当に自由を求める人は、ごく少ないからだ。だが本書は、少なくともこの最終章だけは、その制約を完全に取っ払って「本当のこと」を書く。

時間単価が低いとお金持ちにもなれないし、時間持ちにもなれない。当たり前のことなのだが、ここを理解していない（あるいは目

を背けている）人が非常に多い。時給２千円の人が月１００万円を稼ごうと思ったら、必要な労働時間は５００時間になる。４週で割ると１２５時間。週５日で割ると25時間だ。24時間しかない１日のうち25時間働かないといけないという、物理的に不可能であるという計算になる。

これが時給５千円ならば、必要な労働時間は２００時間となり、同様に計算すると週40時間、１日８時間だ。かなり健全な数字になる。ちなみに僕の時間単価（もはや時給という言葉は使わない）は１時間10万円なので、10時間の稼働で１００万円になる。月２００時間やれば２０００万円になるが、僕は自分と家族が自由に生きていくためには月３００万円も収入があれば十分だと考えているので、それだと30時間だ。これはあくまで単純計算だが、自由な時間が増えるのも当然だろう。

何が言いたいかというと、**時間単価を上げないと、自由な時間は増やせない**ということだ。今は企業の採用は売り手市場なのだから、積極的に転職をすればリスクを抑えて時間単価を上げることができる。そのためには、資格を取ったりスキルを身につけるために自己投資も必要になったりするだろう。時間単価が上がれば、ある程度は時間をお金で買うこともできる。会社の近くに住むとか、家事代行サービスを使うとか。

さらには、人生を安く他人に売り渡す生き方、つまり雇用される生き方自体に限界がある。雇う側の立場で考えたらそれも当然で、よほど特殊なスキルがあればまだしも、基本的にはリスクがなく責任も取らず、それほど頭も使わずに安定した給料を貰い続けようという人に、それほど高い給料を払えるはずがない。

「そんなことはない。うちの会社には、頑張れば報われる仕組みがある」と思える人は恵まれている。そういう人は、まずは自分に投資をして、出世を目指してみるのも悪くはない。スキルを高めて効率を意識し、時間単価を上げる仕事の仕方を追求すれば、社内でのあなたの評価も高まることだろう。そうして高めたスキルはいずれ、自分のビジネスを持つ際の武器にもなる。

5 ビジネスを持つ

本業でそこまで時間単価を高められないという人は、自分のビジネスを持つしかない。と言っても、いきなり会社を辞めたり離婚する必要はない。副業から始めれば良い。副業をすると時間がなくなると感じるかもしれないが、そこは長い目で見よう。理想の状態に近づくには、時間やお金を投資する時期も必要だ。

そしていずれは、会社に雇われない生き方を目指す。「人生を安く他人に売り渡さない」ことが究極の、やらない時間術だ。ぶっちゃけて言ってしまうと、今までお伝えしてきた**「詰め込む」「集中する」「やらない」時間術全てを足し合わせても、自分のビジネスを持つことにより生まれる自由な時間とは比較にもならない。**

1年365日、朝起きてから夜寝るまで、いや寝ている間の時間さえもが「自分の時間」であり、「自由な時間」になる。忙しいのか暇なのか、それすら関係がない。**自分の時間を好きなように生きてさえいれば、時間の使い方としてはそれが正しい。**スキマ時間を活用してタスクを捌(さば)く、なんてのは本当に瑣末(さまつ)で、どうでも良い話だ。

「どうやって自分のビジネスを持つのか」というのは本書のテーマではないので多くは書かないが、ごく簡単に言えば、まずは「商品」をつくって売れば良い。「商品」といってもモノではなく、コーチングやコンサルティングといったスキルをあなたの強み、そしてあなたが助けたい人と組み合わせて、求める人がいるサービスをつくるということだ。「商品」を作ったらイベントやセミナーを開催して、オンラインサロンをつくり、情報発信をする。至ってシンプルなやり方だ。

「起業するからには、世界を変えるようなサービスをつくりたい」と思うかもしれない。スタートアップという発想だが、ほとんどの人にとっては、最初からそれはハードルが高すぎる。できる気がしないから、何もしないということになりがちだ。それよりは、手軽に始められるスモールビジネスで「稼ぐ力」を身につけることからスタートするのがお勧めだ。名だたる起業家も、最初はシンプルな商品の販売やホームページの作成代行からスタートしたりしている。

世界を変えるビジネスをつくりたいなら、育てたスモールビジネスでの収入を基盤にして、そこから挑戦すれば良い。スタートアップとスモールビジネスは別の発想が必要なのは確かだが、スモールビジネスで月１００万円を稼ぐことができない人が、スタートアップで成功して売上１００億円の企業をつくることができるとは、僕には思えない。まずは小さく早く、副業からスモールビジネスで始めるべきだ。

自由になりたいなら、スモールビジネスがゴールになることも多い。僕個人の考え方としては、自由な時間が十分にあり、かつ月

300万円の自由に使えるお金があれば、それで良い。「幸せな小金持ち」というゴールだ。数十億円はないと自由ではないと感じる人もいれば、月収50万円のサラリーマンでも満足できる人もいるだろう。何がゴールになるかは価値観の問題なので、好きな生き方を選べば良い。

6 徹底的に仕組み化・自動化する

自分のビジネスをつくったら、それを仕組み化・自動化していく。これが、やらない時間術のクライマックスだ。仕組みをつくるには時間がかかるから「やったほうが早い」となりがちだが、**一度つくった仕組みはそのあとずっと動き続けるため、時間を生み出し続けて**

いく。

『「週4時間」だけ働く。（ティモシー・フェリス／青志社）』という名著がある。著者のティモシー・フェリスは著名な経営者かつ投資家で、かつてはハードに働いていたが、あるとき、生き方をがらっと変えた。その結果、会社の経営もうまくいくようになり、自由を手に入れることができた。本書では、その考え方・やり方を徹底的に説明している。

分厚い本だし、ツールの説明などは古くなっている部分もあるが、僕はこの本に大きな影響を受けている。いや、正直に言えば、サラリーマン時代に読んだときはあまりピンと来なかった。最後のほうは飛ばし読みしたし、今でもこんなに分厚い必要はないと思っている。だが、その考え方は10年以上もかけてじわりと染み込み、どうしても気になって、3回Amazonで売ったこの本を3回買い戻した。気がつけば、自分もそういう生き方を目指している。こういうのがきっと、名著なんだと思う。そういう本を、僕も書きたいと切に願う。

話が逸れた。仕組み化・自動化の話だ。例えば、セミナーを動画化するとする。動画を収録するときは何度か撮り直す場面もあるし、編集も必要になる。それをどこかにアップして、購入した人が視聴できるようにする仕組みも必要だ。フォローのメールなども組まなくてはいけない。結構な手間がかかるので、だったらリアルタイムでセミナーをしたほうが楽だ、となりがちだ。1回限りなら、確かにそうだろう。しかし仕組みをつくれば、そのあと100回でも1000回でも、自分の労力はゼロでセミナーをお届けすることができる。

人を使って、ビジネスを自動化することもできる。社員を育て
て、あなたがやっていることをほとんど全て渡してしまうことも可
能だ。僕は社員の管理よりもシステムを使った自動化が得意なので
社員を雇ってはいないが、それでも作業をマニュアル化すれば、事
務代行のサービスなどに外注することも可能になる。**「自分しかで
きない」という感覚は多くの場合は思い込みであり、権限・作業の
譲渡を突き詰めていくと、自分の手元に残る作業はほとんどない。**

そうやって仕組み化・自動化をすると売上が減るのかというと、
そこにはほとんど相関関係がない。むしろ、そうして生み出した時
間で新しい「商品」を開発して売り出したり、外に出て活動するか
情報発信を強化したりすることで売上は増える。社長が暇になるほ
ど会社の売上や利益が増えていくのは、僕の会社だけでなく、僕が

サポートしてきたクライアントさんに共通する傾向だ。

ビジネスには、お金を投資してお金を生み出すこともできるし、時間を投資して時間を生み出すこともできる。時間を投資してお金を生み出すこともできれば、お金を投資して時間を生み出すこともできる。いわば「魔法の箱」だ。ビジネスじゃなくても、日々の生活でもできることはある。いつかは自分のビジネスを持つことをイメージしながら、できることから始めたら良い。

もちろん、そんなに甘い世界ではないことも、最後にお伝えしておく。システムや人に投資をしてレバレッジをかければ少ない時間で大きな利益を生み出すことも可能だが、方向性を誤れば大きな損失が出ることもある。スモールビジネスに留まれば、そのリスクは小さくなるが、それでも変化への対応は常に必要になる。常に次の一手を考え続け、風を読む。そういう生き方。自由には、責任が伴うということだ。

それでも本当に自由になりたいなら、自分の時間を生きたいなら、自分のビジネスを持って育てるしかない。仕組みをつくり、効率化することで、膨大な時間が生み出せる。副業から始めればリスクはないので、ぜひあなたも、チャレンジしてみて欲しい。

おわりに　自分の時間を生きよう！

本書を最後まで読んで頂き、ありがとうございます。どうにか書き上げて、ほっとしています。この本で人生が変わる人がいると信じている一方、この本を世に出すのは怖いという感情もあります。大して有名でもなく、お金持ちでもない僕が書いたにしては、全体として偉そうな文体ですし、全ての人に配慮した書き方ではないことも自覚しています。

「なんでこんな奴の自慢話を読まなければならないんだ」「こんなことができるのは一部の人間だけだ」「当たり前のことが書いてあ

る」というようなレビューがつくのを覚悟のうえで、それでもあなたの人生を変えたいという一念で書き切りました。僕自身がそういう本があって欲しいと、いつも感じているからです。炎上するリスクを取ってでも、その想いを形にすることにしました。ある意味で、本書はとても実験的な本です。

リスクと言えば、僕は起業以来ずっと「ヒマだ、ヒマだ」という発信をしています。これにもリスクがあって、単にあいつは誰からも必要とされていないのではないか、売れていないのではないかと思われてしまいがちです。起業家のブランディングとしては忙しそうにしているほうが、多くの人に求められて価値が高いと思われるし、なんとなくまじめで良い人そうに見えるし、何かと安全です。

つまり、この国ではなんとなく、忙しいことが良いことだとされているわけです。この価値観を根底から変えないといけません。

アウトプットが時間とある程度は比例していた時代なら、つまり多くの人が工場で働いていた高度成長時代にはそれで良かったのかもしれません。24時間戦えますか、です。ところが今はそうではなく、完全に知的生産が中心の時代です。

知的生産においてはダラダラと12時間働くより、集中して3時間仕事をしたほうが、圧倒的な成果を生み出せます。30分でも良いかもしれない。ポイントは勤勉・改善からイノベーションに移っています。やりたくないことを長時間やらされるよりも、誰もが得意で本当にやりたいことをやれば、生産性は圧倒的に上がります。

もっと言えば、生産性なんてどうでも良い。それぞれがやりたいことをやって、みんなが幸せになれば、それで良いでしょう。「やりたいことをやる」という観点では、サラリーマンでもやれることはたくさんありますが、どうしても限界はあります。だから僕は、サラリーマンの方が起業をして自由になることを、サポートすることを自分の仕事に選びました。

「誰もが自由で、好奇心あふれる生き方ができる世界を創る」

それが、僕のミッションです。自由を手に入れて、好奇心に満ちた生き方をする人が増えれば、世界は変わるんじゃないかなと考えているんです。時間の使い方は、生き方そのものです。だから、この本を書きました。何かあなたの参考になることがあったなら、著者として大きな喜びです。この本が、あなたが自由で好奇心あふれる生き方ができるための一助となることを願って、筆を擱(お)きます。

最後に、安田智子さん、安田航さん、安田ほのかさん、安田榮一さん、安田香代子さん、いつもありがとう。家族と過ごすことは、僕にとってもっとも価値の高い時間の使い方です。限られた時間を一緒に過ごしてくれて、本当に感謝しています。

特典　特別セミナーとPDFを無料プレゼント

https://entry.fra-sco.jp/p/jikan

特典1

出版記念特別セミナー

『ノートの活用で自由になる、
「やらない時間術」セミナー』に
無料でご招待します。
セミナー実施後はアーカイブ動画での提供になります。

特典2

『すぐに使える時間術リスト100』PDF

手軽に試せる時間術のアイディアを
「詰め込む」「集中する」「やらない」の
3つに分類して100個ご紹介。
受け取るだけで時間が増えます。

各種イベント情報

著者の安田が主催する
各種イベント・セミナーの情報はこちらから。
本書を持参で、フラスコノート会への
初回参加が無料になります。

https://entry.fra-sco.jp/p/event

安田 修（やすだ　おさむ）

信用の器フラスコ代表。株式会社シナジーブレイン代表取締役。
1976年北海道生まれ、北海道大学経済学部卒。
『お金の真実』『お金が増えるノート術』『ノート術大全』
『自分を変えるノート術』『新しい起業のかたち』『新しい副業のかたち』著者。
大学卒業後、日本生命保険相互会社へ入社。システム部門、資産運用部門にて
企業向け融資の営業や審査、実務を幅広く経験。
日本生命を退職後、起業。サラリーマン時代の収入を大きく超え、潤沢な時間を確保。
ミッションは「誰もが自由で、好奇心あふれる生き方ができる世界を創る」。
ノートを使った一人合宿で考え抜くことを大切にしており、
コミュニティプラットフォーム「フラスコ」、オンラインサロン
「フラスコビジネスアカデミー」を主催。趣味は読書、旅行。

やらない時間術

2025年3月5日　第1刷発行

著　者　**安田 修** © Osamu Yasuda 2025

発行人　岩尾悟志

装丁／エメニケ
編集／豊田欣之

発行所　株式会社かや書房
〒162-0805
東京都新宿区矢来町113　神楽坂升本ビル3F
電話　03-5225-3732（営業部）

印刷・製本　中央精版印刷株式会社

定価はカバーに表示してあります。
Printed in Japan
ISBN978-4-910364-65-0　C0030